思想觀念的帶動者
文化現象的觀察者
本土經驗的整理者
生命故事的關懷者

心靈工坊 Psy Garden
Master

對於人類心理現象的描述與詮釋
有著源遠流長的古典主張，有著素簡華麗的現代議題
構築一座探究心靈活動的殿堂
我們在文字與閱讀中，找尋那奠基的源頭

故事・知識・權力

敘事治療的力量【全新修訂版】

Narrative Means to Therapeutic Ends

麥克・懷特（Michael White）、大衛・艾普斯頓（David Epston）—著

廖世德—譯

吳熙琄—審閱

曾立芳—校訂

目錄

不變的經典

吉兒・佛瑞德門（Jill Freedman）／
伊凡斯頓家庭醫療中心主任
（Evanston Family Therapy Center）

　　本書於一九八九年在澳洲出版，原名為 *Literate Means to Therapeutic Ends*（意為「針對治療目的的書寫方法」）。接著於一九九〇年在美國增添了一章新內容重新出版，改名 *Narrative Means to Therapeutic Ends*（意為「針對治療目的的敘事方法」）。有些人認為敘事治療這個名稱是由新的書名而來。的確沒錯，本書預告了敘事治療的概念與實踐，即將擴展到創始者所在據點（澳洲的麥克・懷特與紐西蘭的大衛・艾普斯頓）之外的世界。

　　本書的第一、二章，我想我自己應該讀了至少十幾次。這兩章是所有關於敘事治療的文章中，唯一讓我讀得這麼勤快的文字。每一次的閱讀都讓我深受啟發，對自己的工作以及思考世界的方法感到興奮不已。這些文章用一般較不常見的方式，也就是文化論述與權力運作的角度，來說明所謂的心理問題。

　　伊凡斯頓家庭醫療中心的年度計畫中，每一年都會選用這兩章做為指定閱讀，學員們也從中獲益良多。他們開

始從不同的角度去觀察當事人與問題，並願意去嘗試新的治療方式。對於像我這樣在台灣與中國從事敘事治療教學的人來說，非常開心能看到本書的中文版能在問世十八年之後，又出了全新修訂版！

我雖然強調本書的第一、二章對於敘事治療理論架構與概念的重要性，但整本書其他的內容也很重要。第三章與第四章提供了豐富的例證，呈現敘事治療師運用書寫文字來進行治療的方法。

敘事治療背後的概念，是認為我們透過故事來理解自己的生命。對於尋求治療的來訪者（當事人）來說，這些故事通常會比較負面。敘事治療師提供的協助，是解析這些有問題的故事，釐清裡面的結構。另外也幫助來訪者辨識出這些有問題的故事所沒預測到的事件。經由治療師提問與來訪者回應之間的互動，來訪者較為偏好的新故事就會浮現。有問題的舊故事因為經過不斷地重述，所以很容易讓人相信。但是來訪者又無法花一輩子的時間在治療室中重述新的故事，好讓這些故事線強化成為替代舊故事的另一個版本。幸好治療文件（如信件、證書等）可以幫忙，讓來訪者在遭到問題故事的強力反擊時，有需要便可以拿出來反覆閱讀強化。

在執業的過程中，我發現有些來訪者會隨身攜帶這些文件，有些則是把文件貼在鏡子上，或是用特別的盒子裝起來放在床邊。不知有多少次，許多來訪者都曾提到文件

的作用抵得上好幾次的治療對話。

　　本書中，懷特與艾普斯頓提供了各式各樣的文件範例：書信、認證、清單、短箋，及其他書面形式。有些是悉心書寫的信件，記錄了治療對話的每個細節，有些則是簡短的便條，寥寥幾語寫下懷特或艾普斯頓在對話結束後才想到的問題或想法。另外還有關於承諾、慶賀與預測的認證，全都是使用非常易懂的語言，並以來訪者熟悉的方式來書寫。

　　本書因為是第一本敘事治療的相關著作，所以深具歷史意義。書中的概念與範例非常鮮活重要，與懷特和艾普斯頓撰寫當時並無二致。對不熟悉敘事治療的讀者來說，本書是極佳的入門選擇。甚至對像我這樣的內行人來說，每次重讀本書，都還是會受到嶄新的啟發！

敘事的發展與演化

吳熙琄／

茵特森創意對話中心

（Center for Creative Dialogue）創辦人

　　《故事‧知識‧權力：敘事治療的力量》在台灣從二
○○一年出版到現在，也有十七年了。記得舊版本出版推
出時，我邀請作者之一麥克‧懷特來台灣，在張老師基金
會舉辦敘事治療工作坊，並且全程擔任口譯。在那之前，
我在美國已經聽過很多次他的課了，但那次在台灣把麥克
的授課內容翻成中文，覺得特別震撼。我記得一開場時，
我聽麥克講述如何跟來訪者工作，就感動得掉下眼淚。這
次的口譯，是我第一次把麥可的英文敘事轉換成中文的敘
事，用自己的母語來體會，跟聽英文有很大的差別。三天
的翻譯使我的腦子時時都處在亢奮狀態，覺得麥克的教學
非常的密實，豐富無比，並激勵人心。現場有約一百五十
人來聽課，大家都聽得非常過癮。結束三天的課程之後，
我跟麥克說，我希望未來有機會再多請他到台灣來講課，
還記得當時他跟我說，「熙琄，你也可以講啊！你是華
人，你可以用中文跟很多人分享。」其實我自一九九八年
開始就幾乎每年寒假回台，分享我自麥克那兒學到的東

西，只是當時心裡想，哪有可能像麥克講得這麼好呢。

自我二〇〇五年回台之後，就開始大量在各地分享敘事，透過演講、公開示範、督導與機構團體工作等形式，分享我在敘事治療方面的心得。那時候主要的城市大概都跑遍了，哪裡有邀約我就去，不論鄉村或城市。台灣雖然不大，但是那幾年花在交通的時間，可能也不少。此外，我也在台北開私塾培訓課程，也在華人心理治療研究發展基金會開長期課，陸陸續續和許多人在敘事上結緣。很可惜的是，自麥克在二〇〇八年過世之後，在台灣再度親炙麥克大師的風範已不可能。好在心靈工坊最近邀請了當年在美推動麥克敘事思想與技術最力的吉兒‧佛瑞德門（Jill Freedman）來台，開始了一系列完整的敘事培訓課程。

為什麼這麼多治療師和學生要去學習此療法呢？我想可能主要有幾個原因：

一、他們相信人不等於是問題的標籤，重要的是人和問題的關係，例如人是被問題牽著鼻子走，還是人找出辦法去操縱問題，甚至變成操縱此種問題的專家。

二、把人從問題中解放出來。當人覺得被問題困住時，容易產生無助甚或自己是失敗者的形象，但當人有方法去掌握問題時，人變得有創造力，能去開發不同的資源，此時人頓時變得自由，能從問題的網綁中釋放出來。

三、不把人放人既有的模式中，或用既有的規格去看待每
　　一個人，因而此療法能真正發現求助者的資產，縱使
　　一開始此資產看來很小，例如一個會逃家的孩子，一
　　般人不免用既有的規格去看待這個孩子他／她是個有
　　問題的孩子。但此療法可能會去探索他逃家時是如何
　　的照顧自己，再透過其照顧自己的這個特質去看他是
　　怎樣的一個孩子，甚或透過這個特質去幫助他克服逃
　　家這件事。

四、打破治療師是專家的模式，進而去了解求助者，可如
　　何變成自己或他人的專家。

五、幫助求助者找出自己全新的自我認同（identity），
　　進而生活得更好，發掘一群支援者來支持這個全新的
　　自我認同。

　　　除了台灣的課程之外，我也陸續在馬來西亞新加坡等
地，以華語和英語陸續傳授敘事相關課程。二〇〇六年底
開始我首度被邀請到北京講授敘事治療。當時，敘事治療
對於剛起步培訓諮詢師的中國大陸而言還是一個很新的學
派，但這麼多年耕耘下來，已經有許多在地的老師加入了
培訓的工作。佛瑞德門也於幾年前開始在南京及其它城市
開課，失去了麥克的澳洲杜維曲中心近期更開始在中國大
陸推動執照訓練與碩士課程，現在敘事治療在中國大陸已
經成為正式被認可的，心理工作者的學習主流之一。二〇

一八年五月大陸將舉辦第一次全國性的敘事大會，將會是一個華人在敘事發展的里程碑。

　　我一直覺得自己很幸運，在國外博士班階段就接觸到當時正蓬勃發展的後現代心理治療與家族治療思潮，尤其是能接觸到麥克，對我影響極為深遠。因此，我希望能夠把我從麥克身上學到的，特別是驗證過的本質的東西跟大家分享。我一直認為光看書是不足夠的，看書只能得到抽象的文字概念，但親自接觸老師，從示範、討論、演練與直接體驗老師的風範，這種學習才會是立體而實際可操作的。所以回來這麼多年，我沒有把時間放在整理自己理念的工作上，而是主要把時間放在如何讓大家有機會透過我，接觸到從麥克身上學到的敘事哲學。先讓大家體驗到我從麥克身上學到的敘事精神，大家再帶著這個體驗，去看看可以如何把敘事精神實踐到生活與工作當中。從二〇〇五年到現在二〇一八年的這段日子，我主要的意圖就是邀請大家去體會到底敘事是什麼，在敘事中體會到怎樣的關係，在敘事中體驗到怎樣的自己。作為敘事的傳播者，我的心意是陪伴大家活出敘事，而不只是知識與技術的介紹。

　　兩岸的敘事發展現在是非常活潑的，坊間有許多老師將敘事運用在不同的領域當中，例如心理諮商、家族治療、社工界、醫療界、教育界和生活場域等。也有人把敘事跟不同的藝術或心理學派做整合，例如敘事和藝術

治療、敘事和心理劇、敘事和舞蹈治療、敘事和醫療、敘事和沙遊療法、敘事和催眠、敘事的牌卡、敘事的故事研究等等。這種整合會不斷延伸，近來還聽到有人嘗試結合敘事與榮格，實在是豐富無比。我想敘事之所以可以跟這麼多不同領域整合，很可能是因為它源自一個人性的世界觀，對「人」的理解與看見特別重視。這個治療學派擁有堅定的哲學根柢，已不再只是個技術了，可以適用的範圍會越來越廣。因此我預測未來敘事和不同學科的整合與研究還會不斷的增加。

過去的研究所可能提到敘事治療，就只是在教科書內簡單介紹的一章，但現在越來越多的研究所開設開敘事治療課程，與敘事相關的碩士與博士論文研究也在大幅增加。我覺得很幸運，在華人的世界裡，我們有機會接觸到敘事，而且把敘事放在我們的服務工作當中，不斷地學習，充分落實到生活當中。

敘事治療的出現，是心理學界一個很大的思維轉換。雖然我們每個人和不同學派的緣分都不太一樣，但是只要從事對話工作，不管是諮商師、心理師、家族治療師、社工師、觀護人員、精神科醫師、精神科護理師、老師等等，為了因應變化多端的現代問題與挑戰，主動去接觸不同典範轉移的學問是很有必要的，而不是固守單一的古典思維技術，絕望而束手無策地面對多變的未來。

《故事‧知識‧權力：敘事治療的力量》是麥克老師

在美國出的第一本書，當時震撼了學界與心理治療家族治療領域中的許多人，確實是一本經典。希望這本書在未來能夠持續帶來激勵、開啟和引領大家的力量。感謝心靈工坊的再版，立芳的校訂，讓更多人可以受惠於這本書。

從「尾聲」創造「開端」

黃素菲／國立陽明大學人文與社會教育中心副教授

　　麥克・懷特（Michael White, 1948-2008）在南澳大利亞阿德雷德（Adelaide）出生長大。他於一九七九年從南澳大學社會工作系畢業後，在阿德雷德兒童醫院擔任精神科社會工作者。一九八三年他創立了杜維曲中心（Dulwich Centre）並成為執業的家族治療師。二〇〇八年一月他設立了阿德雷德敘事治療中心，提供個人、夫妻、家庭，團體諮詢，並和社區合作，提供諮商服務和培訓講習班，這個敘事治療中心成為孵育與探索敘事實踐最佳沃土。懷特在敘事治療上的伙伴，大衛・艾普斯頓（David Epston）說：「懷特是素人哲學家……他是技巧高超的衝浪者，航行在未知之海，帶著我們許多人和他一起享受『解構』世界的樂趣」。懷特定義自己為實踐學者（Practitioner-scholar），他讓專業實踐與理論概念緊密結合。懷特身上有一種拓荒的冒險家精神，不禁令人慶幸，還好他沒有繼續留在學校，被學院式傳統的治療理論綑綁，或許正因為他敢於沒有專家學位的光環，才能讓自己真正發光。他除了著述無數，也獲得許多殊榮，包括：美國婚姻與家庭治療協會國際研究員，美國婚姻與家庭治

療協會大師採訪會議，加利福尼亞奧林達肯尼迪大學授予人文學名譽博士，以表揚其對家族治療理論與實踐獎的傑出貢獻。

懷特廣博的學思歷程造就了深厚的理論基礎，和獨創的治療視野。他早期深受美國心理學家威廉・詹姆斯（William James）啟發，詹姆斯確定了心理學研究的目的不在於發現構成意識的基本元素，而在研究個體意識在適應其環境時所發揮的功能，尤其是他認為，世間無絕對真理，真理決定於實際效用，而且真理常隨時代環境變遷而改變；適合於時代環境而有效用者，即是真理。詹姆斯的實用主義思想，對懷特而言是發展敘事治療知識論與世界觀的啟蒙依據。蘇聯文化歷史心理學家雷夫・維高斯基（Lev Vygotsky），研究領域除了語言發展、教育心理學，還涉及兒童發展過程中文化調解和人際溝通的重要作用。他觀察到通過這些相互作用發展出更高的心理功能，也代表了文化的共同知識，他把這個過程被稱為內化（internalization）。「內化」在可以理解為「知道如何」（knowing how）。懷特也想要「知道如何」獲得在地知識的心理學機制。懷特離世前的重要巨著《敘事治療的工作地圖》，可溯源於維高斯基「潛能發展區」（zone of proximal development，ZPD）的啟迪，懷特設計「鷹架對話」（scaffolding conversations），幫助當事人將問題或舊有的習慣與自己分開，然後在中間搭起鷹架，讓當事

人能有一塊「潛能發展區」，邁向更多新的可能性。維高斯基的研究和論述，為他提供了重要的框架。

懷特後來受到英國社會科學及語言學家葛瑞利・貝特森（Gregory Bateson）系統理論和控制論的影響，使他及早啟動了治療典範的轉向──從系統到故事。貝特森提出西方認識論作為一種思維方式，導致人們對所有系統施加專制統治的心態，貝特森強調人永遠無法控制整個系統，因為系統不能以線性方式運作。系統的非線性性質，註定了人無法為系統創建人為的規則，否則人將變成自製系統的奴隸。後續他廣泛接受各種論述的刺激，包括括美國心理學家傑若米・布魯諾（Jerome Bruner）心理語言學理論中的敘說建構、生命自傳歷程等觀點等影響；受到文化人類學家克利福德・葛茲（Clifford Geertz）的文化詮釋方法、地方知識的觀點、豐厚的描述等影響；受到具備種族、性別敏感度的的芭芭拉・梅耶霍夫（Barbara Myerhoff）人類學研究中的異國情調的文化、世俗儀式、生命史雙重框架等等薰陶；受到蘇格蘭文化人類學家維克多・透納（Victor Turner）象徵人類學或象徵與詮釋人類學中提到的過關儀式、移動中的文化、社會劇與中介性理論、結構和反結構等的感染。這些人類學家、社會學家和哲學家，可以說都是懷特間接的老師，在懷特的論述中可以見到他重視文化詮釋、地方知識、豐厚描述、雙重視框、過關儀式等等影響的痕跡。

　　懷特晚期也被後結構主義及法國的批判哲學家的思潮所吸引。後結構主義哲學家米歇爾‧傅柯（Michel Foucault）以知識社會學觀點論述知識與權力的關係，他認為「真理」是運用權力的結果，而人只不過是使用權力的工具。傅柯認為依靠一個真理系統建立的權力可以通過討論、知識、歷史等來被質疑，而通過強調身體、貶低思考，或通過藝術創造也可以挑戰這樣的權力。這些想法很大程度的刺激懷特更加重視反思治療師和當事人之間的角色權力關係，以及治療理論作為專業知識對於治療關係中的權力分佈之影響。法國批判哲學家德希達（Jacques Derrida）認為在柏拉圖的形上學傳統中，都有意的採用二元對立的方式將在場／不在場、生／死、本質／表象、內在／外在、言說／書寫等概念對立起來，而前者往往被暗示是好的，後者往往是被貶抑的，他認為受到傳統形上學的貶抑，具有不確定性的「書寫」就被「確定」在二元邏輯上，所以，德希達則藉由「書寫」的不確定性，倡導語言的自由遊戲，即意義的無限衍異，來破壞形上學的基礎，揭櫫「書寫」的不透明、中介特性，以及文字傳達意義的延宕、挪移及後設性。而「差異」（或 difference、延異、衍異、分延）的觀念，更直指意義表現，實踐的無限播散、分裂可能。這些觀念也支持懷特雙重聆聽的概念，仔細聆聽當事人隱而未顯的支線故事，並且更自由的以書信、會員重新整合等等靈活的方式，去協助創造當事

人在治療過程中更多挪移位置與衍異意義的可能性。

　　懷特與專業生涯中的重要合作夥伴大衛·艾普斯頓，並稱為敘事治療法的創始人。懷特與艾普斯頓最初、也是最重要的一本書 *Literate Means to Therapeutic Ends*，一九八九年初稿在杜維曲中心印行。一九九〇年在紐約出版時，書名改為 *Narrative Means to Therapeutic Ends*（即《故事·知識·權力：敘事治療的力量》），直接清楚明白說明書的意旨：「以敘事理路通達治療目的」，或「以敘事方法達到治療結果」。本書奠定了敘事治療在治療領域的專業地位。懷特以著述作為專業的敘說，他是一位飽覽群籍、勤奮寫作的實務工作者，他陸續出版創作的文章和書籍，包括：

- 《經驗，矛盾，敘說與想像力：艾普斯頓和懷特的精選論文》（*Experience, Contradiction, Narrative and Imagination: Selected papers of David Epston & Michael White*, 1989-1991, Epston & White），是將過去從一九八九年到一九九一年零零星星和艾普斯頓一起完成的文章整理出來；
- 《重寫生活：訪問和撰文》（*Re-Authoring Lives*, 1995）；
- 《治療師的生活之敘說》（*Narratives of Therapists' Lives*, 1995）；

- 《敘事實踐的反思》（*Reflections on Narrative Practice*, 2000）；
- 《敘事實踐與異樣生命：復甦日常生活中的多樣性》（*Narrative Practice and Exotic Lives: Resurrecting diversity in everyday life*, 2004）；
- 《說故事的魔力：兒童與敘事治療》（*Narrative Therapy with Children and their Families, White & Morgan*, 2006）（李淑珺譯，2008，心靈工坊）；
- 《敘事治療的工作地圖》（*Maps of Narrative Practice*, 2007）（黃孟嬌譯，2008，張老師文化）；
- 《敘事治療的實踐：與麥克持續對話》（*Narrative Practice: Continuing the conversations*, 2011）（丁凡譯，2012，張老師文化）。

二〇〇八年由鮑恩（Barry Bowen）編輯艾普斯頓手邊未出版文稿的一本書《向下和向上：帶著敘事療法的旅行》。這本書在懷特去世的同年出版，紀念意味濃重，最初由英國的家族治療協會（AFT）出版，目前已經絕版了，AFT 慷慨地給予手稿免費提供給有關各方，可以輸入書名下載全文 PDF 檔案。書頁中可以看到艾普斯頓情深義重的寫道：在愛中紀念懷特（1948-2008），我的摯友，同事和「兄弟」。

《敘事治療的工作地圖》這本書應該是繼一九九〇年

首作之後的重要著述，統整過去十幾年的實務經驗之大成，他用「地圖」來揭示他要走的路，說明在治療過程中為什麼要進去這個或那個方向，同時他也警告說這不是手冊，你找不到像麥當勞套餐似的建議。艾普斯頓於二〇一六年在系統治療期刊發表《重新思考敘事療法：未來的歷史》，整篇文章都在回應懷特的《敘事治療的工作地圖》這本書。文中艾普斯頓說道：以懷特的學術生涯歷程，他必須寫這樣一本跟「地圖」有關的書，來交代他的「臨床實務工作的概念化方法」。很多朋友和同行對這本書都愛不釋手、無法掩卷，但是他呼籲讀者不可以按圖索驥的去做臨床實踐。我想艾普斯頓這篇姑且稱之為回應文或書評的文章，是以苦口婆心、震聲疾呼的方式，再一次定調敘事治療：所謂「地圖」正好把你帶到沒有地圖的國度，讓你快速找到自己的路徑。《敘事治療的實踐：與麥克持續對話》這本書是懷特去世後，他在杜維曲中心的共事者埋首在他的檔案系統中，努力找尋出的珍貴資料，集結了懷特描述自己工作的談話、演講內容及關於工作背後的思想、決心和目標，彌足珍貴。台灣也在隔年立即翻譯出版印行。

　　雖然懷特在二〇〇八年四月五日因心臟衰竭不幸過世，但是他對台灣學界已經留下巨大的影響。一九九四年至二〇〇八年之間以敘說取向相關的期刊、學位論文共 272 篇，二〇〇一年至二〇〇八年共計 256 篇，占

94.1%，最後五年，二〇〇四年至二〇〇八年計 200 篇，占 73.5%，一九九八年之前每年幾乎都只有一、兩篇而已。後續發現二〇一〇年到二〇一四年累積將近 500 篇學位論文，期刊論文計 32 篇，二〇〇五年至二〇一四年期刊論文共計 61 篇，近半數期刊論文在最後五年，共 32 篇。二〇一八年是懷特逝世十周年，時至今日，他對台灣諮商、輔導、教育、社工等學界研究主題與方法的影響力，應當是繼續讓論文數字繼續翻新中。

　　懷特的概念非常繁複、多樣。外化應該是他理論中最重要、最基礎的核心而衍生出其他的敘事治療方法，如重寫對話、重組會員對話、定義式儀式、突顯特殊意義事件的對話和鷹架對話等，能在實務工作中幫助當事人敘說並豐富生命故事，從中找到亮點、理出意義，為過去或當下的問題提供出口，發展出其他新的可能性。懷特的概念深深影響著全世界的治療師，但是，深愛敘事治療的人可能同意，懷特會期待我們一起從他的「尾聲」去創造新的「開端」。

2018 年 3 月初春

譯者簡介

廖世德，一九五三年生，台南人。譯有《反叛手冊》、《物理之舞》、《寶瓶同謀》、《性與權力的解剖》，以及克里希那穆提系列叢書。專事譯述，工作之餘喜愛慢跑、越野腳踏車。

審閱者簡介

吳熙珺，美國愛荷華州立大學婚姻與家族治療博士。美國婚姻與家族治療協會（AAMFT）認證督導、美國陶斯（The Taos Institute）後現代學院院士、美國休士頓加維斯頓中心（Huston Galveston Institute）特約教授以及北京中科院心理所後現代研究中心顧問。從二〇〇五年回台，便致力於後現代在敘事對話的推廣，並在海峽二岸做許多定期性的教學。二〇一三年在台灣創立「茵特森創意對話中心」（Center for Creative Dialogue），希望能更有系統的介紹不同的後現代對話之應用及思維到華人土地上。

校訂者簡介

曾立芳，心理工作者、口譯工作者。美國印第安那大學諮商碩士，澳洲杜維曲（Dulwich）敘事治療中心國際敘事與社區工作訓練証書。諮商心理師證照。

多年來在政府機關、學校、非營利組織和監獄從事兒童、青少年、成人的個別及團體工作，並以其多年經驗，提供助人專業工作者於兒少及家長工作的督導及訓練。

【前言】
持續的創新力量

卡爾．湯姆（Karl Tomm, M.D.）

　　不論是什麼領域，能夠創新都是一大成就。若創新的方向有別於以往，並開拓出新的領域，更能說是出類拔萃。在我看來，麥克．懷特和大衛．艾普斯頓在家族治療領域所做的，正是這種開拓。本書呈現的是他們實務工作成就的精華，記錄了他們大膽創新、深入人類困境，勘查、思考的結果。他們對家族治療具有原創性的貢獻。

　　懷特和艾普斯頓都是很有天分的臨床工作者，兩人皆具獨特的個人風格，但也有許多共通之處。他們在過去幾年的合作，創造了許多新的觀念和方法，對紐、澳兩地許多專業治療師的實務工作產生極大的衝擊，甚至世界各地的家族治療師都感受到他們的影響。我三年前開始接觸他們的工作，我個人的治療風格也因此產生了重大變化。由於他們的另闢蹊徑，我得以進入全新的治療領域。不論在治療專業或個人成長的躍進，都使我感到十分滿足。我許多的同事和朋友也有類似的經驗。換句話說，他們兩位不只在個人實務工作的知識和方法上開拓出新的領域，也同時為其他治療師指引出嶄新的路線。

知識和權力的糾葛

　　這兩位作者所探索、指出並邀請我們進入的新領域，到底是什麼呢？在我看來，其中最重要的一項就是懷特所說的「問題的外化」（externalizing the problem）。只要能把人和問題清楚分開，就能夠仔細檢視人與問題之間互相作用的動力與發展方向。如此一來，我們就能處理關鍵性的問題：是問題對人的影響比較大，還是人對問題的影響比較大？懷特針對此一主題進行了理論上的深度探索。他發現人們平常（typically）描述問題的態度會產生壓制效應（oppressive effect），也指出我們描述問題所用的知識本身有結構性的影響力，而且會把人困住。在此，他進入了本體論和認識論的領域。我們的生活都深受影響。雖然對我們來說這好像很遙遠，也或許令人害怕，但我們的生活都深受影響而且毫無覺察。譬如，自我認同（identity）都是由我們的「自我了解」以及對自己的描述所構成。但我們所了解的自己，大部分卻是在我們所置身的文化中被描述、標籤、分類、評價、隔離、排除等界定出來的。事實上，活在語言當中的人們，都受到預設的語言習慣和隱形的社會文化交互作用下的社會「控制」所影響。換句話說，只要某人的家人、朋友、鄰居、同事和專業人士認定他「有」某種特質或問題，事實上便已經對他行使了「權力」（power），並將此一「知識」套用在此人身上。因此，在社會領域當中，知識和權力是緊密相

關的。

　　懷特探索與闡述這些複雜議題時，借用了傅柯（Michel Foucault）對現代歷史的哲學分析。事實上，本書最大的原創性貢獻之一就是懷特對傅柯觀點的分析，及闡述這些觀點對治療領域的啟發。這將呈現在第一章。第一章事實上是重要的理論說明，涵蓋許多重要的領域；其中最重要的是「知識就是權力」（knowledge as power）——這是家族治療才剛開始探索的廣袤領域。在此章中，懷特擴展了「外化問題」的創新工作方式。他揭露了「知識技術」（knowledge techniques）會剝奪人的力量，卻給予問題力量。因此，如果能夠辨識出這種幽微的技術（譬如在描述時將問題等同於個人），我們就比較能夠將問題外化，並協助人們逃離問題的影響。

書寫文字的魔力

　　艾普斯頓和懷特在本書為我們開展的第二個領域，是書寫的文字可以以很多方法應用在治療上面。這就是《故事‧知識‧權力：敘事治療的力量》的國度，本書所有章節都是在討論這個主題。他們在書中提出的治療案例多元且豐富。他們利用簡短的案例，列舉了許多治療性的書信、邀請函、推薦信、證書、預言、宣言等實例。身為讀者，我們可以自由地揀選各種治療方式，因為我們是在一片已然用心耕耘、灌溉、鋤草的新園地採收果實。這許

多案例值得我們一讀再讀、仔細研究，必能滿載而歸。的
確，讀者一旦發現這片園地能對臨床工作提供豐富的滋
養，我相信他們將流連忘返。

艾普斯頓每次會談結束後都會寫總結治療歷程的信
件，他特別強調這些信件具有治療潛能。他規定自己在
每次會談後都寫信給當事人或其家庭成員。這些信件副
本通常是他唯一成文的會談紀錄。事實上，當事人、家庭
成員和治療師便是以這樣的方式彼此分享了這些臨床「檔
案」。這種做法是一種突破，在治療師和當事人之間創造
了比較平等的關係。

艾普斯頓和懷特的書信其獨特迷人之處在於內容和風
格。這些信件絕非單純的「客觀」描述。內容經過仔細的
篩選，以突顯某些特點；這些經驗與事件可能具有啟發
性，可能清楚描繪出當事人所具備的豐富資源，也可能促
成具有治療潛力的「故事」。信件的風格大量運用假設的
語句和當事人的語言。他們以不尋常的方式運用平常的語
言創造一種新穎的感覺，刺激讀者的想像力和參與感，譬
如，「充滿罪惡感的生活等於終生監禁」這樣的語句使
人震憾；將意思對比的句子並列，譬如「惹上麻煩並且
變得更加麻煩……或者遠離麻煩並且不再困擾」（getting
into trouble and becoming more troubled...or ...getting out
of trouble and becoming untroubled）之類的句子，強化人
們的自主選擇權。這種文字風格直指人心，即使是身為沒

有直接關係的第三者,讀起來也深受吸引。

探索故事的意義

　　探索這種敘事法時,艾普斯頓和懷特為了建立概念框架,使用「敘事文本」(narrative text)的觀念。他們把治療(therapy)比喻為「人們遭遇問題時,對生活與經驗過程的『敘說』(storying)與/或『再敘說』(re-storying)」的歷程。換句話說,透過白紙黑字,記錄經過揀選的事件與意義,那些治療的信件和證書便能有效促成人們重新去創造新的、得以脫困的敘事。這種比喻具有相當直覺的吸引力,並為人們的生活帶來活力。

　　這種敘事文本的比喻還能夠銜接「敘事法」和「知識就是權力」這兩個領域。人們在敘說生命故事的過程中為自己的經驗賦予意義,我們也透過這些故事累積的知識,演繹自己的生命歷程。當然,故事可能是資源,也可能是負累。譬如,大部分的人對自己、對他人、對種種關係都有著多重故事。有的故事能為我們增添能力和幸福,有的卻會助長限制、剝奪、貶低甚至病理化我們自身、他人或關係。此外,有些故事則能撫慰、提昇、解放、提振,甚至療癒我們。

　　有些故事大篇幅地占據著我們的生命經驗,我們並據此詮釋其他生活事件。這樣的故事在某種程度上決定了我們的生活經驗本質以及行為模式。如果是充滿問題的故事

地深耕」（Down Under）的治療風格有很大的貢獻。很多人都是經由《澳紐家族治療學報》（*Australian and New Zealand Journal of Family Therapy*）的〈故事角落〉（Story Corner）專欄了解這種說故事的傳統與風格。大衛從一開始就主持這個專欄，那一直是該學報最受歡迎的專欄。

　　大衛始終都能夠創新地應用故事視框來呈現問題。詳情請參閱他已經出版的幾本著作（Epston, 1983, 1984a, 1985a, 1985b, 1986a, 1986b, 1986c; Epston &Whitney, 1988; Barlow, 1987）。

　　無疑地，他童年奇妙的生活經驗和先前人類學領域的工作使他擅於說故事。事實上，只要想想他在治療界獨特的地位，我們發現他根本不曾離開過人類學的崗位。人類學學位的定義是「知識的偷獵執照」，這個定義恰如其分地捕捉了他的認真過人。他跨領域地收集可以用來說故事的觀念，為了追尋有用的譬喻來詮釋發生在社會體系下的事件，不惜打破了各個學門領域的界線。

　　大衛和雪莉‧懷特，一直鼓勵我了解故事視框。雪莉對這種類比法的熱忱來自於她所閱讀的女性主義著作。我從自己對她的回應當中發現，故事視框，或者更廣泛而言，文本視框（text analogy）【註一】的概念，和我從人類學家貝特森（Gregory Bateson）的認識論中發現的概念一致。我對貝特森的著作產生興趣已有相當時日。

在努力提升治療品質的過程中，我們曾經對寫作法做過許多實驗。我們都接受的前提是：雖然言說和書寫這兩種語言有相當大的重疊，但也分別以不同形式存在。我們相信，對於面對困境的人們而言，寫作法開啟了嶄新的空間。關於這種工作方式，我們得到的回饋使我們更加努力。我們將持續檢視及探索，以拓展敘事法和寫作法的運用方式。

我和大衛相距了幾千公里（他住在紐西蘭的奧克蘭，我住在澳洲南部的阿德雷德），所以本書的內容大部分都是各自獨立完成。然而，我們透過拜讀對方的著作、共事、書信往返及共同主持工作坊，相濡以沫。我相信讀者在我們應用的方法上會發現很多共同的規律，也了解此一連結使我們雙方都獲益匪淺。

【註一】【校訂註】依據本書脈絡，Analogy 所表達的意義貼近「視框」的概念，為求文意的清晰、流暢，本書中 Text Analogy 譯為「文本視框」而非「文本類比」，Analogy 譯為「視框」。

【第一章】
故事‧知識‧權力

　　我在本章中概述了社會理論近年來的發展，重點即是文本視框和傅柯的思想，還包括力主在治療中加入寫作的方法。我一直認為，文本視框提供的架構使我們得以思考人的生活與關係中，一個比較寬廣的社會政治脈絡，而傅柯對於權力／知識的分析，正好可以為這個脈絡提供細節。

我（麥克‧懷特）在本章將討論我和大衛都很有興趣的當代社會理論發展，其中包括米歇爾‧傅柯（Michel Foucault）關於知識與權力的思考。傅柯是法國的知識份子，自認是「思想體系的歷史學家」。我們認為他的理論非常重要。

讀者或許很熟悉近年來家族治療的相關文獻中，有關「權力」的論戰。我大膽地將這種論戰當中的各種觀點簡述如下：有人認為權力根本不存在，而是建構在語言裡，是那些受影響的人們的參與賦予了權力的存在。有人認為，權力是真實存在的，某些人掌握權力，壓制他人。這種論戰最後似乎走進了死巷，不再能幫助我們思考權力與權力的運作等等相關議題。

我們認為傅柯為這條死巷開闢了出口。然而，如果不熟悉他的觀念和寫作風格，往往會覺得他的書不易理解。在這裡，我將以最大的努力解說他的觀點，希望大家了解，我不確定自己是否能夠做到這一點，這只能交由讀者自行判斷。

讀者或許可以選擇跳過本章，先讀第二、三、四章，等想了解我們的治療工作背後的理論與政治脈絡時，再回來讀第一章。

我透過貝特森（Bateson, 1972, 1979）的著作接觸到「詮釋法」（interpretive method）。在這裡，我說的詮釋法不是精神分析的詮釋。社會科學家所說的詮釋法，是

指我們從外在世界創造意義的過程。由於我們不可能了解客觀真實，所以，需要對所有的「知」加以詮釋。

　　關於發生在有機系統理論（living systems）中的現象解釋，貝特森對線性因果觀念（主要是從牛頓物理學衍生而來）的適用性提出質疑。他認為，我們根本不可能了解客觀現實。柯奇布斯基（Korzybski）的名言「地圖不等於疆域」（The map is not the territory），指出了我們對外在事物的理解、我們所賦予的意義，都受限於接收訊息的脈絡，也就是我們建構外界地圖的前提與預設的網絡。他認為可以在此將地圖代換成模式，我們對於任何現象的詮釋，都由是否符合已知模式而定，這叫做「以偏概全」（part for whole coding）（Bateson, 1972）。然而，不僅如此，不但我們對於事物的詮釋是由接收脈絡所決定，我們因為生存本能而自動刪除不符合原有模式的事物，因此這樣的事物對我們而言是不存在的。

　　貝特森的理念使我開始注意到，我們平常在治療中所忽略的「暫時性」（temporal dimension）。他認為，所有的信息都是「具差異性的新訊息」，但必須是感受到「差異」的知覺，我們才會對有機系統產生全新的反應。要知覺差異、要測知變化，就必須釐清時間流逝中發生的事情。他提出：

　　　　人的感官只能接受具有差異的訊息，這種

差異一定要編碼成為發生在時空當中的事件，
（例如編碼成「變化」），我們才察覺得到。
（Bateson, 1979, p.79）

思考文本視框的時候，我發現「地圖」和「敘事」在概念上的相似。然而，敘事必須以跨越時空的模式來定位事件，這明顯比地圖概念優越。敘事法含括了暫時性。借用美國人類學家布魯納（Edward Bruner）的話：

> 我的結論是，敘事結構優於隱喻、典範等相關概念，因為敘事結構強調秩序與序列，相對適於研究變化、生活周期，或任何發展歷程。做為一種模型，故事同時兼具兩種面向——既是線性、又是瞬間的。（1986a, p.153）

至於家族治療（這一直是我們特別關注的領域），詮釋法並不認為家庭的潛在結構或失功能決定了家庭成員之間的行為與互動；而是成員對事件所賦予的意義，決定了他們的行為。因此，長期以來，我對人們如何依據特定意義組織生活，以及因此使問題能「生存」及「發展」很感興趣。相對於其他家族治療理論認為問題是因應家庭成員或系統的需求而產生，我關注的是構成問題存在所需的必要條件，以及這些條件對人們的生活與關係所造成的影

響。我認為，家庭成員對問題共同且不當的反應構成了問題得以生存、延續的條件（White, 1986a）。

在過去的著作當中，我曾經提到，問題如何在各種「趨勢」的脈絡中擁有自己的生命，並隨時間推移而增強其影響。我也討論到家庭成員似乎渾然不知他們如何圍繞在問題定義之下，與問題共同演化。此外，我還倡議以「外化」的機制，協助家庭成員把他們的生命和關係，與充滿「問題」的描述區分開來（White, 1984, 1986a, 1986b, 1986c, 1987）。【註一】

對我而言，文本視框是指出人們圍繞著特定問題而組織生活的另一種描述方法。透過這種視框的觀點來看，人們組織生活的方式可說是反映了特定故事／敘事中「讀者」與「作者」之間的互動。問題的生命週期或風格構成了問題故事。這種描述開啟了新的探索領域（包括探索產生富於故事感的文本機制），也鼓勵了我，使我提出「富含優點故事的治療法」（White, 1988）。

視框（Analogy）

自社會科學發展之初，社會科學家為了維護自己的志業、建立此領域的合理性及正當性，便借用實證的物理科學的原則，以詮釋社會系統中的事件。然而實證主義——人能夠直接獲取世界知識——的觀念卻受到了挑戰，社會科學家也開始了解其他科學家運用的視框，事實上已經被

物理科學家所使用，這些物理科學家也是從別的地方挪用的。美國人類學家葛茲（Clifford Geertz）說：「蒸汽機對科學的貢獻遠大於科學對蒸汽機的貢獻。」物理科學家在建立並精細化理論的過程中，可以自由地轉向並尋求不同的隱喻。葛茲說這種轉變是「社會思想的再成型」。

> 社會科學家自此明白自己不需要模仿物理學家，不需要成為閉門造車的人文學者，不需要以發明新領域做為研究的目標。他們可以履行自己的天職，發掘集體生活的秩序……（1983, p.21）

現在大家已經公認，所有賦予事物意義的說法，都是詮釋的結果，都是追尋的產物，而決定這份追尋的，是我們所採用的地圖、視框或如高夫曼（Erving Goffman）所說的「詮釋框架」。因此，我們採用的視框決定了我們如何觀看世界、決定我們如何對事件提出質疑、決定我們所建構的真實、決定參與探詢的人要體驗怎樣的「真實」結果。我們採用的觀點決定了我們擷取外在真實的特性。

以下，我將提出不同的視框列表。這份表格受到葛茲重現社會科學發展的啟發，試圖呈現社會科學在短暫的發展歷史中，所採用的視框及伴隨而來的建構。表格的第一欄舉出觀點，第二欄是延伸此一觀點所建構的社會組織，

第三欄是事件的詮釋呈現為問題的可能性，第四欄是運用特定視框所產生的解決方法。此一表格無法羅列所有社會科學所運用的視框。

視框的來源	據此建構的社會組織	問題的建構	解決方法的建構
實證物理科學	依水力學及機械原理精心製作的器械	突破、逆轉、不足、損害	單一成因、精準分析、修復、重新建構、矯正
生物科學	類有機體	潛在問題的症狀、功能的滿足、整體	指出病理、正確診斷、針對病理的手術與根除
社會科學遊戲理論	嚴肅遊戲	策略、採取行動	競賽、抵抗的行動、策略的運用
社會科學戲劇	生活戲劇	角色、劇本、表演	角色的改寫、選擇替代的戲劇形式
社會科學儀式歷程	人生大事及其重要儀式	轉變：分離、中介狀態、再融入	勘測、區分不同的狀態
社會科學文本	行為文本	壓抑的表現，主流故事或知識	開啟替代性故事的創作空間

　　我們如何揀選或決定採用何種視框？這通常是多重因素決定，包括意識型態和主流的文化習俗。選擇某種視框時，我們並非訴諸「正確」或「準確」的標準，因為這並非視框的屬性。然而，在某個程度上，可以透過回看我們身處的社會思想及其歷史脈絡，並檢核對實踐所造成的影

響，以探索我們所擁有的視框。

　　表格中列舉出不同視框的區隔，依據這些視框所產生的詮釋有著截然不同的影響。以下，我們將透過幾個例子來說明。雖然純屬假設，但這些例子在日常生活情境中隨處可見。

例一

　　正經歷迫切危機的當事人來到「診間」，而這個場域的工作取向是採取傳統實證科學的框架，那麼工作人員很可能會把當事人的危機詮釋成某種崩潰或退化。接著他們會試圖依據某種分類方式將當事人的經驗轉變成某種診斷，於是，工作人員的問話會試圖為這樣的「崩潰」尋找符合此一分類模式的原因。接著由專家在當事人身上施行各種工作程序，包括追溯他的傷害史，依照專業模式修正當事人的過去，目標在於改良和重建這個人，使他能恢復「夠好的」機能。

　　然而，如果是被稱為成年禮（rite of passage）（van Gennep, 1960; Turner, 1969）的儀式性過程【註二】，那麼相同的危機發生在不同的脈絡中，對問題的理解不同，所提出的問話也會隨之改變。危機將被視為人們生命轉化或成年儀式的歷程，然後根據此一脈絡的定位，提出以下問話：

1. 分離期——某些過去的狀態、認同或角色對此人已不再

重要；

2. 臨界或中介期——此一階段的特性是不舒服、困惑、混亂、對未來充滿期待等；

3. 整合期——此一階段的特徵是達到某種重新賦予當事人不同責任和特權的新狀態。

因此，採取成年儀式視框的問話就會引導人去判斷：（a）危機也許在說明，那些在他們身上不再重要、需要剝離的是什麼，譬如來自自己或別人的負面態度，或是造成耗竭的生活或關係的期待；（b）危機對於新的狀態或角色所提供的線索；（c）在何時、在什麼樣的情況下，新的角色和狀態可以如何實現。因此，採用成年儀式的視框所建構的脈絡，會在不否認壓力的前提下，將危機視為「進展」而非「退化」。

例二

有時候，夫妻會在關係初期共同經歷快樂和滿足後，因為問題而尋求治療。如果採用生物科學的視框了解關係脈絡，最初的時期之所以沒有問題是因為對關係存有不實幻想，而被視為「蜜月期」，並受到貶抑。第二階段的「問題期」，則被認為正確反應了關係的真實狀況，也就是在蜜月期時掩蓋在表象之下、未被正確認識的真實。因此，關係中的問題回過頭來被理解成為連結病理、失功能

的一種深層反應，一種客觀真實或「真相」的深層反應。這時專家機制化地操作，以指認這些更深層的客觀真實，回溯伴侶雙方的原生家庭以及他們各自與父母的關係。這是西方文化中典型的深度心理學的建構。

然而，如果視框影響著我們對伴侶關係脈絡的訊息接收和理解，那麼就可以大幅調整生物科學模式的建構，產生新的版本，把新舊版本視為不同的故事線，讓它們互相競爭，伴侶就能找出他們喜歡哪一個故事。在這種情況下，伴侶最喜歡的故事通常發生在沒有問題的關係初期階段。他們可以檢視這樣的故事，也許可以找出他們解決問題的能力，並在原生家庭的歷史中追溯這項能力的起源。接著他們便可以訂定計畫，在關係困難的階段複製，重新實行並擴展這些技巧。

文本視框

我們強烈偏愛表格中下半部的視框。這些視框和社會科學近年的發展有關，而且不提出客觀現實。在這次。在接下來的討論中，我們將著重在葛茲所謂「社會思想中，最廣、最新的重劃」的文本視框上。

社會科學家之所以對文本視框產生興趣，是因為他們觀察到，發生在時間線中的一次性行為雖然已不存在於當下，但是我們所賦予它的意義卻始終存在。意義的賦予吸引了社會科學家的注意。為了深入了解，他們訴諸文本視

框。我們可以將這種讀者與特定文本間的互動視為是人際互動。這樣的視框使我們得以運用文本的讀、寫來看待生活與關係的演化，每次閱讀相同文本，都將是新一次的詮釋，也都是一次新的、不同的寫作。

社會科學家的結論是：人們不可能直接認識世界。他們認為，人是透過「已累積的經驗」（lived experience）了解生活、形成知識。但這樣的看法產生了新的問題：人們如何組織生活經驗？人們如何處理經驗，以形成意義、並協助他們理解生活？累積的經驗如何表達？採用文本視框的社會科學家的回應是：若想要對生活經驗賦予意義，並表達自我，經驗就必須「成為故事」。「故事」決定了我們對經驗所賦予的意義。

為了創造生活的意義，人們的任務是：隨時間推移，建立事件經驗的序列，以形成對自己和周遭世界前後一致的觀點。過去和當下事件的特定經驗必須透過線性序列連結，發展主線情節，組織成可預測的未來。這樣的主線情節可稱之為故事或自我敘說（參見 Gergen 與 Gergen, 1984）。此種組織經驗的敘事如果成功，人對生活就會有連續感和意義感，我們也據此安排日常生活、詮釋未來經驗。所有的故事都有起源（歷史）、中間過程（現在）與結束（未來）。因此，對當下事件的詮釋不但由過去的經驗塑造，也由未來的經驗決定。為了闡明此一觀點，我將借用布魯納（Bruner, 1986a）與北美原住民的田野工作

來說明。

　　在提及對北美原住民民族誌的研究時，布魯納讓我們明白，產出對過去歷史及未來不同看法的替代性故事，是如何徹底改變人們對生活現狀的詮釋。一九三〇到一九四〇年間，北美原住民的故事都將過去建構成為「光榮」，未來建構為「同化」。因循此一故事脈絡，在賦予現況意義時，人類學家或北美原住民自己，都把北美原住民的日常生活的「事實」認定為「崩潰」與「解組」，並詮釋為從光榮到同化過程的過渡期。這種詮釋產生了真實的效應，譬如，它正當化了主流文化的干預，包括領地劃分等。

　　到了一九五〇年代，新的故事出現。這個故事將他們的過去建構為「剝削」，未來建構為「復興」。雖然我們可以假設，他們日常生活的「事實」在這段時間並未發生重大改變。然而，由於新的故事提供了新的脈絡，於是這些「事實」便有了新的詮釋。【註三】現在，他們認為這些事實反映的不是崩解，而是反抗。這種新的詮釋也產生了真實的效應，其中包括以土地權議題與主流文化對抗的運動。布魯納總結認為：

　　　　以我所見，我們在敘事的開始時，就已經涵括了開始和結束，這提供了架構，並使我們得以詮釋現狀。我們並不是先有資料、事實，然後

非得依此建構故事或理論並加以解釋不可。其
實……我們建構的敘事結構並不是依據資料解釋
而產出的第二個敘事，而是原初敘事；我們依據
這個原初敘事認定、搜集資料。新的敘事在我們
的民族誌中產出新的辭彙、句構、意義，建構出
這些民族誌當中的資料。（1986a, p.143）

將經驗編織成故事，並據此得到意義感與連續感，顯
然是要付出代價的。敘事絕對無法涵括我們所有生活經驗
的豐富性：

　　生活經驗遠比論述豐富。敘事的結構能夠組
織經驗，並賦予意義。但是總有一些感受和生活
經驗是主線故事永遠涵蓋不了的。（E. Bruner,
1986a, p.143）

敘事的架構過程要必須經過篩選的程序。在篩選的過
程中，我們從經驗裡，濾除那些不符合主線故事的情節。
出於必然，隨著時間流逝，我們累積的經驗大部分都沒有
說成故事，沒有被「說出」或表達，反而是留在原地，沒
有組織，沒有形狀：

　　有些經驗是未完成的經驗，這是因為我們不

了解自己的經驗。原因可能是這些經驗無法編織成故事、缺乏表現或敘事的資源，或是缺乏詞彙。（Bruner, 1986b, pp.6-7）

如果我們同意人們在說故事的過程中，組織自己的經驗並賦予意義，如果我們承認人們在演練故事的過程中，所表達的是從生活經驗所篩選出來的面向，那麼所有的故事自然都可以說是具有「建構的性質」，亦即形塑人們的生活和關係：

在表達、演練時，我們都會再經驗、再生活、再創造、再建構、再塑造我們的文化。這種表現不是去傳達原本就存在於文本之內的意義……而是：表現的本身就是建構的過程。（Bruner, 1986b, p.11）

由此，我們了解文本視框進一步延展了以下的理念：人們所經歷的故事或敘述，決定了他們的互動和組織方式。人們並透過故事的具體表現而不斷讓關係和生活持續演化。有的視框則認為，是存在於家庭和人們底下的結構或病理，塑造了人們的生活與關係。但文本視框的觀點與這類視框是截然不同的。

生活與關係的演化，與在實行（perform）故事的過

程中所有文本的「相對不確定性」有關。不同人對特定事件的不同觀點，各有其隱晦的意義，用來描述事件的比喻又很多，因此使每一個文本都有某種程度的曖昧不明。以艾瑟（Iser, 1978）的看法而論，這種曖昧或不確定性使得人必須「在文本引導之下實行意義」。布魯納研究了文學的文本以後說：

> 就是因為這種「文本的相對不確定性」，才會有各種不同的「實現可能（spectrum of actualization）。」因此，「是文學文本啟動意義的『實行』，而非文本本身形成意義。」（Bruner, 1986, p.25）

對葛茲而言，文本的不確定性、構成文本表現的面向，都值得歡慶：

> 萊納・特瑞林（Lionel Trilling）引用十八世紀一位美學家的話，問了一個執拗，或說尖酸但發人深省的問題：「為什麼我們總是以原創開始，以抄襲終結？」答案卻令人安心：抄襲是創作的起源。（1986, p.380）

故事總是充滿縫隙。要實行故事，人們就必須填補這

生命過程的任一個社交鏈時……『特殊意義經驗』會隨著時間推移而受到忽略，這份忽略對某社會範疇的成員的共同改變是有利的——雖然這改變發生在個別成員身上。」（p.127）【註六】高夫曼的「社交鏈」（social strand）和「社會範疇」（social category）這兩個觀念，與「主線故事」和「同處於同一故事中、擁有特定認同的一群人」這兩個觀念非常類似。

人的主線故事或社交鏈無法預測「特殊意義經驗」，但它其實一直存在，包括所有的事件、情緒、意圖、思想、行為等等，都各有在過去、現在、未來的位置，這都是主線故事所無法涵蓋的。透過將生活或關係中的問題故事外化的歷程，我們將能辨識出特殊意義經驗。要外化（externalization）一個問題故事，可以先從外化問題開始，接著再繪製問題在人們的生活和關係中的影響地圖。我們可以詢問人們，問題如何影響他們的生活和關係。在將人與問題故事分開之後，再回看對主線故事的慣性解讀方式，人們將更容易發掘特殊意義經驗。

外化也同時有助於中斷我們對這些故事解讀和實行的慣性。一旦和問題故事分開，人們就能經驗到自己的生命主權。只要不再實行這些故事，就會感覺自己有能力掌握自己的生活與關係。接下來，鼓勵人們釐清與自身或與他人關係的影響，對問題「生活」的影響，也都將進一步外化問題，發掘特殊意義經驗。這種方法在第二章及之後都

將有詳盡的討論。

　　辨識出特殊意義經驗之後，接著邀請人們為新的故事賦予意義。這種意義的賦予，需要將不同的特殊意義經驗編織成替代性故事。正如透納（Victor Turner, 1986）說的，「想像」在這個過程中扮演了很重要的角色。有各種問話可以用來協助人們賦予新的意義。猶如麥爾霍夫（Myerhoff, 1982）說的，這種問話會引導他們積極涉入自身生活與關係的「改寫」。這種問話包括邀請人們描述特殊意義經驗（譬如「這時候你怎樣反抗問題的影響？」），邀請人們依據特殊意義經驗重新描述自己、他人與關係（譬如「當你（對問題）進行反抗時，反映了你什麼樣的特質？」），邀請人們思考伴隨特殊意義經驗而來的新可能（譬如：「關於自己的這個新的訊息，會使你採取什麼不一樣的行動？」）【註七】將治療視為生活與關係脈絡的改寫，我建議的是一種「文學性的治療」。（White, 1988）。

　　具備了可以實行的新故事，就能表達人們過去經驗中受到忽略，但是卻「意氣相投」的部分，使這一部分得以呈現及流傳。實行新故事，並且邀請他人成為觀眾，都將強化這些故事，也強化個人的自主感。為促成這個過程，我們可以鼓勵人們辨識生活經驗中過去無法言說、但現在期待表達的部分，並檢視這些部分對自身生活與關係的真實影響。

徵召「外在的」觀眾也能夠延展新故事的存續，增進其發展。這種增長有一種雙面性。首先，觀眾會因為目睹新故事的實行，而對新意義的創作做出貢獻，這對觀眾與故事主體之間的互動產生真實的影響。第二，故事的主角「讀」到觀眾對自己新故事的體驗以後，不論是思考或直接辨識這種體驗，都將開始修正和延伸自己新的故事。

如同之前的討論，在傳統的談話治療當中，生活與關係的改寫主要（但不是完全）由問話過程完成。然而在運用敘事傳統的治療法當中，這種改寫也透過各種文件來進行（本書後面會討論到這些文件）。

我們的結論是，經驗的改寫需要人積極重組自己的經驗，「自由地將文化中不同的元素重新組合，構成所有新的可能。」（Turner, 1974 p.155）。這一點之外，再加上邀請人們積極覺察自己是個人故事的表演者及觀眾，並意識到自己是自己作品的產物，兩者相加將會提供一種「反思」脈絡（Tomm, 1987）。這個反思脈絡會在人們創作（authoring）自己、他人和關係時帶來新的選擇。

做為主流知識與權力機制的主流敘述

文本視框所帶來的幫助之一，是引發我們思考那些為人的經驗提供更大社會政治脈絡的故事。前面提到北美原住民的故事，第一故事是由當時美國的主流意識型態建構出來的。這個意識型態激發了「一個美國」這種「大鎔

爐」的夢想。第二故事是由不同的理念所構成。這種理念和新興的多元文化主義，以及人們開始認識並讚揚「多個美國」（many Americas）有關。當然，後者盛行的範圍尚有爭議。

美國原住民的故事後來由更大的脈絡構成。尋求治療的當事人的故事也是如此。文本視框提供的架構使我們得以思考，人是置身於更大的社會政治脈絡，以及多重文本當中的；這也讓我們思考「權力」的運作及它對人們的生活與關係的影響。這個可能性相當重要，因為一般的治療文獻常忽略了權力的樣貌，特別是我們常在實務工作現場中，採取自認為是出自善意的觀點。

傳統上，治療文獻對權力的分析都是以個別狀況呈現，譬如影響個人心靈的生理現象、個人的病理必然是早期個人創傷經驗所形成，或是馬克思理論下的階級現象。近來，女性主義者又把權力解釋成性別壓制的現象。這種解釋使很多治療師對性別相關經驗中的虐待、壓榨、壓迫變得高度敏感。

女性主義者認為，權力是特定性別的壓迫機制。我們看到了這種分析帶來的解放效應，然而我們認為更重要的是要思考全面的權力光譜，不但要思考它的壓迫性，同時也要思考其建構性。在這一點上，傅柯的思想非常重要。以下，我們將討論他對權力分析的貢獻。我們只討論他的幾個概念，這樣的討論絕對不夠詳盡。讀者也會發現不同

的主題下，無可避免會有些概念的重疊。

知識與權力的建構性

　　一般而言，權力在效應和運作上都被視為具有壓迫性，在效用與特質上是負向屬性的。一般公認權力的目的是褫奪、限制、否定、包圍，但傅柯卻認為，我們對權力的體驗主要是其積極或建構的影響；我們把塑造自身生活與關係的「真理」（truths）視為正常，並因此順服於權力。接著，權力的運作又繼續建構或生產這些「真理」（Foucault, 1979, 1980, 1984a）。

　　因此，傅柯在討論權力的積極（positive）效應時，指的並非一般認定的「積極」，不是可欲、有利的，而是建構、塑造人的生活。「造成負面效應的權力」這個概念導向壓制理論，「造成積極效應的權力」這種概念所導向的理論，卻是在討論權力如何「構成」人的生活。在談「真理」的時候，傅柯指的也不是人的本質中所存在的客觀或既定的事實，而是指建構而來，卻被視為真理的概念。這些「真理」具有正當性，人以此建構規範並形塑或建構生活。所以，這些「真理」實際上是人們特定的生活方式。

　　根據傅柯的看法，權力主要是透過「真理」發揮影響，「真理」則透過權力而得到量身打造的個體性（individuality），接著這種個體性又回過頭來成為權

力的「載具」。他認為權力並非「壓制」人，而是「征服」人。這種權力把人鑄造成「柔順的身體」（docile bodies），並且徵召「柔順的身體」進行活動，以支持「全面」（global）、「一體」（unitary）的知識以及權力技術的擴展。然而，所謂「全面」、「一體」的知識，傅柯指的並不是廣為人知的知識，而是一種放諸四海皆準，如主張真理的知識，也就是現在科學「客觀現實」的知識。身為這種權力的主體，透過知識，我們：

> 承受評判、譴責、分類、決定，注定以某種
> 方式生或死，這便是真理的論述承載了權力的特
> 定影響（1980, p.94）。

我們可以從傅柯所探討的性史，了解權力如何透過所謂真理的正當性發揮效用（1984a）。他追溯性慾的歷史以後，開始對「整個維多利亞時代，性與權力是透過壓抑而連結在一起」這種公認的說法進行挑戰。他認為，維多利亞時代關於性的討論其實相當盛行，當時社會一直存在著「煽動」的風氣促使人去談論性。他詳細追溯這個「性學大說教」，描述了十七世紀「告解」行為的變化以及控制兒童性慾方法的發展。

告解在那個時代在當時轉變成不止告解實際的行為，還告解思想、情緒、幻想、夢境等等可能與性慾關係薄弱

都是透過權力／知識領域在行動；這些行動雖然具有真實效應，卻不見得有清楚的動機。在這裡，他說的不是每一種權力，而是當代一種更為狡詐的權力。

他因此說服人們，不再從內部觀點去解釋權力運作，而是關注誰想要得到權力的影響力，關於權力的運作什麼樣的決定又被製造出來。每個人都身陷在權力／知識的網絡中，因此無法自外於權力／知識的網絡而行動；此外，我們一方面承受權力的影響，一方面也在人際關係中施行權力。然而，絕不可能所有人皆可平等地運用權力；實情是某些人所承受的壓制遠大於其他人。

> 所以，我們無須質疑為何有人想主宰別人、他們追求什麼、又有什麼整體策略。要問的是，壓制是如何持續運行，它持續不斷、未經詮釋卻驅使我們的身體、掌管我們的樣貌，主宰我們的行為。換言之……我們應努力發掘那些多重的機制、力量、能量、物質、慾望、思想等等是如何漸進地、持續地、真實地、在實際層面建構了主體。我們應該在物質層面掌握這種屈從性，也就是建構而來的主體。（1980, p.97）

傅柯「權力與知識不可分割」的概念，反映在他對「某些知識優於其他知識」說法的挑戰。他質疑：在這種

論述底下，有哪些知識將受到貶抑？哪些人或哪些群體將在這種優越的論述下受到排擠或消失？

他認為，某些人將身邊的特定知識切割或孤立，能使他們的論述充滿權力效應。這種切割基本上是由「客觀現實」的論述發展而來，這種「客觀現實」的論述賦予符合科學的知識較為優越的地位。他追溯這些知識的歷史，探討這些知識產生的效應、侷限和危險所在。

> 十八世紀以降，哲學與批判思想一直存在著核心議題……那就是，我們運用的理性到底是什麼？有什麼歷史效應？其侷限和危險為何？
> （1984b, p.249）

權力的上升分析與下降分析

他力主權力的一種上升（ascending）分析，反對下降（descending）分析。他認為權力技術不是由上而下地運作、改變底下的人，而是來自於局部層次。事實上，從十七世紀以降，一體、全面知識之所以增長，資本主義之所以發達，其先決條件都是因為這種權力技術已經存在。

這些技術本質上都是社會控制技術；都是「征服的」技術；將人客體化、物化的技術；將人的身體客體化的技術；空間的組織與配置，追求最大效率與經濟的技術；把人分類、認證的技術；排除一群人，並賦予這些族群某種

身分的技術；把人孤立起來的技術；對人進行有效觀察
（監控）與評估的技術。

　　另外他還細數出，徵召人們在壓制自己的過程中扮演
積極角色的技術。只要設定一些狀態讓人根據某些制度化
的「規範」進行評估，只要無法逃脫這樣的狀態，只要可
以把人孤立在這些狀態中，他們就會變成看管自己的警
衛。在此種情況下，人會一直評估自己的行為，在自己身
上施行權力運作，把自己鑄造成「柔順的身體」。【註八】
根據傅柯的看法，我們所處的社會使用評估或矯正性的判
決取代司法與刑罰，做為社會控制的主要機制。這是永遠
都在「凝視」（gaze）你的社會。【註九】

　　因此，傅柯不僅關注意識型態及其效應，他同時關切
知識增長所需要的權力技術：

　　　權力技術不只是意識型態，但也還稱不上意
　識型態。權力技術是種產物，由能夠有效形成並
　累積知識的工具（包括觀察法、認證技術、調查
　與研究程序、控制的器具等）所製造。所有一切
　都意味著，只要透過這些微妙的機制運作權力，
　權力必然發展、組織、流通而成為一種知識，或
　說是知識的工具，這種知識工具不是意識型態建
　構出來旳。（1980, p.102）

他認為，正如這些技術都是從局部層次發展出來的，所以權力的運作也隱藏在這個層次，因此最容易著手批判。他鼓勵大家研究位於社會「末端」的權力的歷史及效應，譬如診所、地方組織、家庭等。

受壓制的知識

傅柯不但對「全面性的專制」理論提出分析，也檢核了其他的知識——「受壓制的知識」（subjugated knowledge）。他提出兩種受壓制的知識。一種是由過去建立的，或「廣博的」（erudite）知識構成，這種知識是因全面、一體的知識上升，修正歷史，而從紀錄書寫浮現出來。根據傅柯的看法，這種廣博的知識被埋藏、隱身、偽裝於與「正式體制一致的功能」中，此種一致的功能，目的在於「掩飾衝突與掙扎造成的決裂效應」。這種知識唯有透過詳盡的學術工作才可能復興。這種知識復興以後，我們才能看見鬥爭史，一體適用的真理的地位才會受到挑戰。【註十】

第二種受壓制的知識，傅柯稱之為「局部通行」（local popular）或「在地性」（indigenous）知識。這種「區域性」（regional）知識是當下正在流通、卻沒有充分實行的空間。這種知識存在於社會邊緣，而且階級低，多數人認為這種知識不夠充足，而將之排除在正式知識和普遍接受的科學合法範疇之外。這種知識是「天真的知

識，位於社會下層階層，位於大家認為必要的認知層或科學層之下」（Foucault, 1980）。

他說，如果能夠詳細找出這種自主而不受認可的知識（「結合廣博的知識與地方記憶」），我們就能重新發掘掙扎與衝突的歷史，提供空間使這種知識得以充分實行，並能對主流知識進行有效批判。這種批判的「有效性並不需要思想當權派的認可」。

> 我也認為，正因為低階知識的發掘，那些不具資格，甚至直接被剝奪資格的知識──這涉及到我所謂的通行知識（popular knowledge）──的發掘，這種知識的重現，這種局部通行的知識重現，這種不具資格的知識的重現，批判才得以實現其效力。（1980, p.82）

所以傅柯並沒有另行提出某種意識型態或理念上的一體知識給我們組織生活。他不認為我們可以「否定」知識；換言之，他並不認為我們可以在知識與論述實踐的中介效應之外行動或體驗世界。他也不認為我們應回歸實證主義，依據「脫離概括性知識的立即性體驗」來實踐。他力主受壓制的知識要「反叛」「體制與充滿科學論述的知識與權力的效應」，因為知識的反叛：

……主要不是和科學的內容、方法、概念對立，而是和集中化權力的效應對立，這種權力和我們的社會中，組織化科學論述的體制和機能是相連的。（1980, p.84）

替代性故事與文化上可運用的論述

　　我一直認為，文本視框提供的架構使我們得以思考人們生活與關係中，更大的社會政治脈絡；傅柯對於權力／知識的分析正好替這種更大的脈絡提供了細節。前面我大致討論了傅柯對權力與知識的思想。但這一切對治療的意義是什麼呢？

　　之前討論文本視框時，我們曾經說，意義是因為把經驗結構成故事後衍生而來；透過故事的實行而建構生活與關係。要把經驗說成故事必須依賴語言。在此前提下，我們透過語言賦予經驗意義，並建構生活與關係。運用語言的時候，並不是在進行中性的活動。許多文化上現有的論述在我們看來都很適當，而且和經驗的某些面向的表達與呈現有關。所以，我們對自身生活經驗的了解，包括對我們所謂的「了解自己」這種經驗的了解，都透過語言傳遞。可預料的是，一體、全面的知識對「真理」的討論，大大地促成了這種了解的傳遞，也促成了人格和關係的建構。

　　我們認為，人因為感覺到問題，而尋求治療。但當事

與一體適用的知識分離

問題的外化能夠幫助人們辨識出一體適用的知識，並且和壓制他們的「真理」論述分離。在釐清問題對生活及關係的影響時，我們鼓勵人們辨識自己對自己、對他人、對關係的想法，就可迫使一體適用的知識現身。只要問題存在，人對自己、對他人、對關係的想法，就會持續受到驗證與強化。這些想法通常帶來無法達成期望、符合標準、遵守規範的挫敗感。我們可以從這些期望、標準、規範了解一體知識「真理」的細節，然後從這裡回溯這些「真理」建構人們生活與關係的歷史。

透過外化的過程，人們得以反思自己的生活，因而發現新的可能，開始向那些界定、綑綁他們的「真理」挑戰。這將支持人們拒絕個人和身體因為知識而客體化或「物化」。

挑戰權力技術

權力技術如同一體適用的知識，都是可挑戰的。權力技術「煽動」人們透過「真理」建構自己的生活。但是，透過問題的外化，就可以成功挑戰權力技術。如上所述，權力技術包括在空間配置人的技術；對人做認證與分類的技術；對某一群人賦予某種身分，然後加以排除、孤立的技術；有效監督與評估人的技術。

我們可以探索問題對人的生活與關係的影響，以及問

題生存的必要條件。問題的生存必要條件包括對人特定的安排，以及對自己與他人的關係型態。此外，探索問題強迫人對待自己與他人的方式，也能協助我們找出問題生存的必要條件。如此一來，我們將了解人們如何受到問題的壓制，還有不但自己順從、也同時要求別人順從的權力技術相關細節。

釐清這些權力技術以後，我們就可以探索個人或他人曾經在何時，原本會屈從於這些技術但卻沒有屈服的片段，然後從這裡發掘「特殊意義經驗」。然後我們可以邀請人們按照這些特殊意義經驗，施行其中的新意義。要完成這一點，我們可以透過問話，釐清人們反抗或拒絕實行問題生存的必要條件，是如何支持他削弱問題、消除那些強化問題、或問題賴以維生的觀念。我們可以繼續尋找這種反抗的實例，加以串連，建構反抗紀錄，邀請人們思考其他可能擴展這份反抗紀錄的機會，以及這對他的生活或關係可能帶來的影響。找出特殊意義經驗，以有效挑戰「常規化評斷」——也就是根據主流「真理」對人做評估、分類。「柔順的身體」在此將轉變成而為「活躍的精神」（enlivened spirits）。

復興受壓制的知識

對於治療，我們希望的結果就是產生不同的故事，以涵蓋以前所忽略的生活經驗裡的重大面向，並且容納不同

的知識。就這一點而言，我們可以說，在治療的努力上，為此種知識找出實行的空間才是焦點所在。

前面說過，我們可以利用問題的外化，指認並外化一體適用的知識，支持人們挑戰那些設定生活的「真理」——反抗對於一體知識的屈從。此外，外化能幫助人與一體知識分離，開啟新的空間，使人找到不同或原本受到壓制的知識，使這種知識得以流傳。

前文討論文本視框和治療的時候，我們曾經提到，按照特殊意義經驗實行其中的意義，會產出新的故事。這種實行還能夠奠定基礎，使人尋找受壓制的知識，開啟空間，讓這種知識得以流傳。同理，問題的外化也能夠促使人找到特殊意義經驗。

將一體適用知識外化以後，我們得以探索人在生活和關係中體驗到的某些面向或性質。這是他自己可以欣賞，但是不符合一體知識的規範，也就是和一體知識提出的標準和期望相互矛盾。這些面向的探索，將支持我們發掘特殊意義經驗。發掘特殊意義經驗後，便可以鼓勵人們探索、辨識特殊意義經驗對個人和關係的意涵，以及辨識可以涵蓋這種新理解的「獨特知識」。於是，在地、常民、固有的知識將觸手可及，而能加以實行。

此外，我們還可以運用「考古學」的方法探索廣博知識。我們可以邀請人們研究自己的家族和社群檔案，研究可能和實際生活領域相關的歷史文件，找到前人所建立、

2

符合特殊意義經驗的知識。為受壓制的知識建立歷史紀錄，邀請人們思考如何開啟空間，以持續實行、流傳這些知識。人們因此開始欣賞自己獨特的奮鬥史，在建構自己的生活與關係時，有意識地納入這些知識。在治療上，人一旦開始容納這些獨特的知識，一如傅柯說的，我們就會目睹「受壓制的知識開始反叛」。

口述與文字傳統的區別

本章的焦點在於社會理論近年的發展，特別是文本視框、傅柯的思想體系史，以及社會理論近年的發展與一般所謂治療的關聯。在西方文化，傳統治療的方法主要是談話治療，但是本書的重點在於文字傳統。在此我要簡單地對兩者做個區分。

顯然，口說和書寫並不相同。就歷史意義而言，口說先於書寫，書寫以口說為基礎。雖然如此，在文明的社會當中，兩種傳統都已發展出獨立的形式。談到說與寫兩種語言的具體區別，史達伯斯（Stubbs）的結論是：「書寫無法直接呈現口說。從幾個事實看，這兩種系統至少有一部分是各行其是。」他檢查幾種書寫文字以及書寫文字與口說語言的不同關係以後認為：

> 我們必須承認，在高度識字的社會裡，至少
> 在某些人身上，口說語言與書寫文字之間的關聯

已經很微弱。書寫文字或許已經失去某種附屬、輔助的特質，獲得獨立而原始的特質。（p.41）

　　口說語言與書寫文字的「真理」地位和相對的成功，在某個程度上，端視活動領域的不同。當然，社會上許多的正式領域，「白紙黑字」較受歡迎。然而，換成別的地方，卻是「我要聽到第一手的消息才相信」比較通行。雖然如此，一般文化透過機制，不斷強化書寫對於工作的重要性。在許多情況下，書寫是無可比擬的權威，因為，文字不是聽、說，而是看到。西方有一個歷史悠久的傳統，重視視覺超過其他感官——這是「視覺中心」（ocularcentrism）傳統。【註十一】

　　文化極度相信、極度信仰可以眼「見」的證據。這一點反映在我們有許多形容詞將「有能力認識的屬性」加在人身上，把「適切性」加在觀念之上。縱使不是全部，我們目前具有這種屬性的形容詞，大部分都與視覺相關。譬如，我們如果認為某人擁有正確的知識，我們就說他「具洞察力」（insightful）、「很有見解」（perceptive）、「有遠見」（far-sighted）。大家最能夠接受的觀念，通常我們也都說它是「有啟發性」（illuminating）、「啟蒙的」（enlightened）、「憧憬的」（visionary）；反之，缺乏這些特質的人則被稱為「盲目」（blind）、「短視」（short-sighted）。

書寫的傳統

史達伯斯（1980）檢視書寫系統的貢獻後認為，擁有書寫系統的社會，會有「新的知識泉源，利於啟發思想」：

1. 「人們不需要重新捕捉或書寫，前一代的記憶就能保存與傳遞。」
2. 書寫允許「智慧的累積」。
3. 書寫能夠記錄種種發現，「使這些發現易於研究，嚴格考量，反過來又促成更多的發現。」
4. 「寫語的資訊內容比較高等，比較無法預測。」
5. 書寫大幅改變了師生關係，促成思想的獨立，因為「書中的知識乃獨立存在，不屬於任何知道它的人」（p.107）

我們可以反駁這些優點可能過於誇大，而且還要視不同文化情況而定。譬如，已經有人證明獨立的知識還是可以以其他形式在社群中傳遞，包括說故事、歌唱、舞蹈等。譬如澳洲原住民就有很多知識存在於歌詞裡面，他們一代接一代「唱這些歌，使他們的世界存在」（Chatwin, 1988）。

史達伯斯的發現，反映的是民族中心主義（ethnocentrism）。然而，我們發現以下的論點也有證據支持，那就是，在我們的文化當中，在治療上訴諸書寫傳

結論

在本章，我概略描述了社會理論近年的發展，重點放在文本視框和傅柯的思想，也詳述了這些概念對於心理治療的啟發，力主在治療中加入寫作方法。這樣的提議並非首見，早前就有文獻討論這個主題。我將不在此處多做說明。讀者若想探討這些文獻，可以從柏頓（Burton, 1965）的《心理治療中書寫作品的用途》（*The Use of Written Productions in Psychotherapy*）開始。

至於口述與書寫傳統，大衛和我都不認為何者優於另一種傳統，但在實務工作上我們都側重口說傳統。對於尋求心理治療的當事人，我們大部分是運用談話治療，極少寫信給每個案主，也極少與每個案主在共同建構新故事的過程中，以共同作者的身分，書寫新的故事情節。【註十二】時間壓力使我們往往無法訴諸書寫傳統。然而，透過撰寫本書，檢視書寫傳統的優點，我們不得不質疑以時間為決定因素的方法所組織出來的智慧。

【註一】這些觀念的詳述，參見門羅（Murro, 1987）。

【註二】艾普斯頓使得此一視框在澳洲和紐西蘭大受歡迎。因著他的鼓舞，許多人採用了這樣的視框並且運用在不同領域。在 Menses and Durrant（1986）的著作中，對此一主題有著極佳的闡述。

【註三】第二故事線不但開啟了對於這些事實的再詮釋空間，它同時也使得北美原住民得以展現在第一故事線中無法傳達的

生活經驗。

【註四】 我們相信「治療」一詞對於此處工作的描述並不恰當。在麥格理大字典（*The Penguin Macquarie Dictionary*）裡對治療的描述是「透過矯正、治癒的過程對疾病、疾患、缺陷等的進行的處遇。」在我們的實務工作中，我們並未將問題建構成疾病，也不認為我們在做「治癒」人們的工作。

近來在文獻中，有些人嘗試表達對此一性質的關注，人們提出所謂「治療性對話」（例如 Anderson & Goolishian, 1988）。這樣的詞彙可能是一種呼籲，因為在定義上，「治療」與「對話」兩者相互矛盾。「對話」似乎挑戰了由「治療」一詞的定義所建構出的失功能。然而我們並不全然滿意「對話」一詞，因為它無法清楚表達經驗的「故事再敘說」取向的精神，或者說，「故事的再敘說」可能更符合我們在此所呈現的獨特歷程。

【註五】 【編註】「unique outcome」直譯為「特殊的結果」，多年來都譯成「特殊意義事件」，但它指涉的的確不只是事件而已，也可能包括其他不同類型的發生。該詞出自社會學家高夫曼，意為「主線故事外的敘事細節」或「問題故事本身所未能預測到的某些例外」。換言之，是來訪者的敘說出現了不同於問題故事的經驗，或出現與渴望未來相連結的故事線，猶如靈光乍現、一閃即逝，需要治療師敏覺的把握住。因此，「unique outcome」可說是「獨特的經驗」、「特殊意義經驗」、「特殊意義事件」，本書採譯「特殊意義經驗」。感謝吳熙琄老師、黃素菲老師、曾立芳老師的共同指導與激盪。

【註六】 對我而言，關於認同和貝特森關於隨機歷程（stochastic process）的理念：「如果事件的序列結合了揀選過程的隨機元素，因此在偶然下，只有部分結果得以持續，這就是所謂隨機。」（1979, p.253）

【註七】 更多此種問話的例子，詳見 White（1988）。

【註八】 厭食症與暴食症可能是此種權力運作的極端例證。

【註九】 根據傅柯（1979）的說法，英國哲學家邊沁（Jeremy Bentham）設計的圓形監獄，是此種社會控制的理想模型。此一模型將在第二章進行更多討論。在此，值得爭議的是，在不同性別的關係中，此一模型有著性別誤差。男性通常是正當性的凝視工具，而女性通常是被凝視的對象。

【註十】 澳洲女性主義學者黛爾·史賓德（Dale Spender）的著作《理想的女人：男人對她們做了什麼》（*Women of Ideas: And What Men Have Done to Them, 1983*）便是將受壓制的廣博知識復興起來的一個例子。

【註十一】 許多作者，特別是法國這樣智性的國度，了解到因為視覺中心的傳統而衍生的現象，並對此大加撻罰。部分人士像是 Irigaray（1974）等人提出要發展其他的感官。其他像是傅柯透過文章批判視覺的行事方式，像是「正當性的凝視」以及其使人屈從的效應。

【註十二】 並非所有的情形皆如此。我們也常常運用書寫法，與不願開口甚至拒絕面見任何人的求助者工作。

【第二章】
問題的外化

問題外化提供了下列優點：

1. 減少無益的人際衝突。

2. 降低失敗感。

3. 讓人互相合作，共同面對問題。

4. 開啟新的可能性。

5. 改採較輕鬆、沒有壓力的方法去看待問題。

6. 提供對話的可能。

「外化」（externalizing）是一種治療方法，這種方法鼓勵人們將壓迫他們的問題客觀化，有時擬人化。在這過程中，問題變成獨立的個體，與人分開了，問題因而得以脫離原本被認定為是問題的人或關係之外。問題從原本被視為屬於人或關係內在、不易改變，透過外化而變得較容易改變、比較不束縛人。

我（麥克‧懷特）大約十年前開始有系統地鼓勵人將問題外化。這種嘗試主要運用在因為兒童的問題行為，來前來尋求治療的家庭。我們早先已討論過這種做法的各種面向（White, 1984, 1985, 1986a, c）。

兒童問題行為的外化顯然對這些家庭有極大的吸引力。雖然問題常都被界定為兒童本身內在的問題，但事實上，每個家庭成員都深受影響，而且常常感到難以承受、氣餒且挫折。他們把問題的存在與無力解決的失敗視為自己、對方、關係的反映。問題持續，矯正的方法又失敗，對家庭成員而言，正可證明個人和關係的確存在負面的特質或屬性。所以，當這些家庭成員尋求治療時，在說明求助原因時，往往仔細描述問題，呈現出我所謂「充滿問題描述」（problem-saturated description）的家庭生活。當我們用故事或文本視框做治療時，這些「充滿問題的描述」往往呈現為「家庭生活的主線故事」。（White, 1988，另參見第一章）

外化可以協助家庭成員把個人、關係和問題分開，從

不被問題占據的新觀點描述自己、彼此和關係，因此發展出不同的家庭生活，也是對家庭成員比較有吸引力的故事。從這種觀點來看，人們能夠找出生活與關係中，與自己充滿問題的描述互相矛盾的「事實」，而這些「事實」在原有的描述中是難以覺察的。新的故事之所以能夠產生，關鍵就在這些事實。在這種過程當中，孩子的問題往往能夠得到解決。

　　早期鼓勵家庭成員外化問題時所得到的正向回應，促使我把這個做法擴大到更多的問題範疇。在後續探索中，我發現外化問題有助於人們解決問題。依據我所得到的結論，有以下幾個優點：

1. 減少無益的人際衝突，包括誰該為問題負責的爭吵。
2. 降低挫敗感。許多人在努力解決問題卻仍失敗以後，對問題的持續存在常常會有挫敗感。
3. 舖路。讓人互相為共同合作舖陳，使人們能夠共同努力、面對問題，避開問題對生活與家庭關係的影響。
4. 開啟新的可能，使人們能夠採取行動，從問題和問題的影響當中重新贏回生活與家庭關係。
5. 使人對「嚴重得要命」的問題採取較輕鬆、有效、壓力較輕的面對方式。
6. 關於問題的對話得以展開，而非僅止於獨白。

　　在外化問題的脈絡中，人與關係都不是問題，問題本

身才是問題，人與問題的關係也才是問題。

我們在第一章討論過，生命故事除了影響人們賦予意義的過程之外，這些故事還影響人們如何揀選賦予意義的生命經驗片段。布魯納（1986a）認為，敘述的本身不可能涵蓋我們豐富生活經驗的全部：

>……生活經驗遠比論述的內容豐富。敘事的結構能夠組織經驗，並賦予經驗意義，但總有一些感受和生活經驗是主線故事所無法涵蓋的。（p143）

人們的生命故事決定了經驗的意義，和所欲表達的經驗層次的選擇，因此故事也建構或塑造了人們的生活。人們在活出或實踐這些故事時，生活與關係也隨之發展。

關於人對問題的體驗，透過文本視框的角度，有許多可能的假設。在此，我的假設是，人在體驗使他極欲尋求治療的問題時：（a）他們對自身經驗的敘說或他人對其經驗的敘說，都不足以代表真實的生活經驗；（b）在這種情況下，他們的真實生活經驗中非常重要的地方性故事和主線故事之間是互相矛盾的。

主線故事塑造了人們的生活和關係，問題的外化可使人們和主線故事分開。如此一來，人們將可辨認出過去忽略、但其實非常重要的生活經驗——這種經驗無法從

主線故事預測。故此，我根據高夫曼（Goffman, 1961）的說法，把這種經驗稱為「特殊意義經驗」（unique outcome）（White, 1987, 1988）。

只要找出特殊意義經驗，就可以鼓勵人們按照其中的新意義生活。能否成功，端賴這些特殊意義經驗，是否能建構出人們不同的生命故事。我稱這種不同的故事為「獨特的敘述」（unique account），並且設計了一套詢問的方式，鼓勵人們尋找、產生、喚醒能夠使特殊意義經驗「產出意義」的新故事。另外還有些問話，能鼓勵人們探索這些新發展所反映的個人與關係的屬性與特質。在這樣的問答當中，人會對自己和關係產生特殊重述（unique redescription）（White, 1988）。關於特殊重述的問話還能幫助人們重新審視與自己與自己的關係（例如：你認為這些新發現對你面對自己的態度會帶來什麼影響？）、自己與他人的關係（譬如：這個新發現對你和某人的關係會帶來什麼影響？），以及自己與問題的關係（譬如：你以這種方式拒絕配合問題，是在強化問題還是削弱問題呢？）

接著我們提出一些能夠引導人們擴大新故事影響的問話。這將使人們開始探討隨著獨特的敘述和特殊重述而來的「獨特可能」（unique possibilities）（White, 1988）。有些問話可以引導人們為新的生活意義的實踐找到聽眾，這樣將進一步擴大支線故事的廣度。這種問話，我稱之

為「傳布獨特」（unique circulation）的問話（參見第一章）。

我相信外化問題的治療工作能促成生活與關係的「改寫」（Myerhoff, 1986）。以下，我們將說明幾個與問題外化有關的方法。雖然不同的標題之下各有不同的做法和細節，但是讀者會發現許多相似的內容。

相關影響的問話

我稱之為「相關影響的問話」（relative influence questioning）的會談過程（White, 1986a），對於幫助人們把問題外化十分有效。這種過程從第一次會談就開始進行，因此從一開始就可以進行問題與人、問題與關係的分離。

相關影響的問話包含兩組問話。第一組問話鼓勵人們找出問題對生活與關係的影響。第二組問話鼓勵人們找出自己對問題的「生命發展」的影響。相關影響的問話邀請人們檢視問題對生活與關係的影響，因此可以幫助人們覺察、描述自己與問題的關係。這種過程使他們脫離固定、靜態的世界——在這樣的世界裡，問題存在於人和關係之內——進入經驗性、動態的世界。在動態的世界中，人們發現採取積極行動的新可能，以及依彈性採取新行動的機會。

繪製問題的影響地圖

問話可以鼓勵人們了解問題對生活與關係的影響，進而釐清問題對行為、情緒、身體、態度、互動等各方面的影響。

這樣的過程涉及人們對家庭生活「充滿問題的描述」，但是家庭生活往往比問題描述更為寬廣。所以這樣的問話，不只是探索問題與被視為造成問題的當事人之間的關係，還探索問題不同層面的影響，包括問題與不同的人之間、問題與不同關係之間的不同影響。這樣的探索為後續發掘特殊意義經驗、採取積極行動的可能開啟寬闊的空間。在各層面都有採取積極行動的可能，這會使所有與問題相關的人們重拾生命的主權。

以下我選擇遺糞症來說明「繪製問題的影響地圖」的做法。我相信這個例子很恰當，這些做法來自於我治療有持續不斷大便失禁情形的兒童的經驗。

蘇、隆（假名）這一對父母，帶著六歲的尼克來見我。尼克有長期的遺糞病史。嘗試過各種方法，包括不同學派的治療師，都無法改善。他每天都發生「意外」或「狀況」；通常這表示他的內褲需要「整套更換」。

更糟的是，他和自己的「便便」成了朋友。便便成了他的玩伴，他會把便便擦在牆壁、抹在抽屜、揉成球狀丟在櫥子後面、塗在飯桌底下。除此之外，蘇和隆還常常在

屋子的角落發現沾了大便的衣服或是丟在那裡的大便，浴室或流理台的排水管也常被大便塞住。尼克已經習慣在浴室中與大便為伴。

我針對大便對家庭生活和關係的影響提出了一些問題，尼克的回答使我們發現：

1. 便便使他在同學中相當孤立，干擾了學校的生活，使生活亂七八糟。便便覆蓋了他的生活，使得未來失去希望，也使尼克自己和別人都無法真正了解他。譬如，他的個人形象因此而變得模糊不清，別人看不到他其實很聰明、很風趣。

2. 便便使蘇陷入愁雲慘霧。她不由得懷疑自己有沒有能力做個好母親，有沒有能力做人。她感到絕望，已經想「放棄」。身為人母，她覺得自己的未來一片黯淡。

3. 便便使隆感到非常困窘。這樣的困窘使他開始疏遠親友。他無法輕鬆自在地和同事討論這種問題。而且，他們家位於一個小村莊，相當偏遠，要是有親友來訪，通常都需要過夜。事實上，親友來訪時在他們家過夜已經成了傳統。如今尼克的「意外」和「狀況」成了親友留宿時的特色，隆實在很不願意繼續遵循這個傳統。他一向自認開放，要他一方面和別人分享想法和感受，同時又要保留「可怕的祕密」，實在很困難。

4. 便便已經多方面影響到家人之間的關係。例如，這個事情就卡在尼克和父母之間。他和母親的關係開始有壓

力，剝奪了他們曾有的生活樂趣，也使他和父親的關係惡化。而且在他們的討論當中，他們兩人對尼克的挫折感總是占有主要的分量，所以父母兩人之間的關係也受到了嚴重的影響，很難再互相關注。

繪製人的影響地圖

在繪製了問題對於生活與關係的影響地圖之後，就可以進行第二組問話。這一組問話主要在邀請人們釐清個人和關係對問題「生命發展」的影響。這一組問話會帶出與「充滿問題的描述」互相矛盾的訊息，進而幫助人們在面對困擾時，認識自己的能力和資源。

要發掘自己如何能夠影響問題的實例，並不容易，尤其是在問題長時間籠罩、造成許多困擾，在生活與關係蒙上陰影的時候。然而，在這個階段，釐清問題對人的影響，已經為釐清人對問題的影響完成前置準備。這時候人們比較不會對問題的影響束手無策，也比較能自由地覺察環繞整個問題而生的諸多經驗。這使他們能夠進一步發現「特殊意義經驗」。

如上所述，釐清問題在各種層面——對不同的人、對各種關係——產生的影響，會為人們開啟新的空間，尋找並辨識特殊意義經驗。所以，釐清人對問題的影響，就不會囿限於受問題綑綁的人或關係的狹隘觀點。

由於部分過去所忽略的「事實」和充滿問題的描述互

相矛盾，這樣的事實對相關的人們必定充滿意義。因為充滿意義，才能對人構成「特殊意義經驗」。由於先前釐清了問題的影響程度，這些意義才能彰顯出來。關於問題對人們產生的影響，只要有新的資料，都會在這幅地圖上形成鮮明的浮雕。譬如，有一位年輕女性因為釐清了厭食症對自己、對不同關係的影響，才能肯定自己沒有因為這個問題而疏遠朋友，具有多麼重大的意義。

透過問話釐清家人對「狡猾的便便」的影響以後，我們發現：

1. 狡猾的便便常常想拐騙尼克和它一起玩，但是尼克記得有幾次沒讓它「騙過」自己。這幾次，他原本真的可能會去「塗」、「擦」便便，把便便「揉成」什麼東西，但是他沒有。他拒絕中計。

2. 最近有一次，狡猾的便便差一點又使蘇陷入悲慘的境地，但是她拒絕了。她打開收音機聽音樂。此外，這一次她並未質疑自己身為父母的能力。

3. 隆想不起自己有什麼時候不因為難為情而與親友疏遠，但是，一旦認清了狡猾的便便對他的要求，隆便開始對「反抗這種要求」的想法產生興趣。我很好奇他要如何反抗這種要求。他說他會向同事洩漏這個「可怕的」祕密（這個意圖是一種特殊意義經驗，因為無法從家庭生活的問題故事預測出這意圖）。

4. 要辨認家庭關係對「狡猾的便便」的影響有些困難。但
   是，經過討論以後，蘇發現自己還是很喜歡與尼克關係
   的一些片段；隆發現自己還是努力維持與尼克的關係；
   尼克也認為狡猾的便便並未完全毀掉自己與父母關係中
   的愛。

　　釐清尼克、蘇、隆對狡猾的便便的影響以後，我開始
提出問話，鼓勵他們去實踐由特殊意義經驗所發掘的意
義，並由此「改寫」自己的生活與關係。

　　接下來他們如何有效對抗問題？這又反映出關於何種
個人和關係的價值？他們依靠個人和關係中什麼樣的能力
或特質達到此種成就？此種成就是否使他們想到未來要採
取的行動，以期能夠從問題的掌控中奪回他們的生活？現
在既然對問題有了更多的了解，這樣的了解將會在未來如
何改變他們和問題的關係？

　　回應這些問話時，尼克認為自己已經準備好，不再被
狡猾的便便所騙，決心以後不再中計去當它的玩伴。蘇想
到了不再因狡猾的便便而使自己陷入困境的方法。隆認為
自己願意冒險，告訴同事自己和狡猾的便便對抗的經歷。

　　兩個星期後，我再次和這一家人見面。期間，尼克
只有一次小小的意外——他們說那一次只是小小的「弄
髒」。狡猾的便便經過九天企圖打敗他，但是他沒有讓
步。他教了它一課，讓它知道自己已經不會再任由它打亂
生活。他告訴我他如何拒絕再度中計，不再和狡猾的便便

可以提出幾個可能，然後由當事人檢核，決定是否符合經驗。

　　一如其他心理治療學派對待前來尋求協助的當事人的方式，治療師在這裡並不做一般性的推論。要牢記不同情況的個別差異，預先思考不同行動步驟可能帶來的後果。這需要治療師對個人行為某種程度的「覺察」。此外，為了預防治療師的失察而造成當事人感受到壓迫，治療師還必須了解在地脈絡，也就是不同關係的脈絡。這種覺察使治療師不至於促成暴力、性虐待這類問題的外化。如果面對這類問題，治療師應該鼓勵的是，可能引發暴力的態度或想法的外化、使人順從的策略（例如被迫孤立、獨處）的外化。

持續流動、持續演化的定義

　　在治療的過程中，問題外化的界定可能固定不變，但更多情況是隨著時間而流動、演化。尤其是當人們努力尋找最貼切於個人經驗的問題描述時，更是如此。相關影響的問話對定義問題的影響深遠。以下我們將透過實例來說明這種問話過程，如何在外化問題的過程中促成問題定義的演化：

　　瑪嬌麗是位單親媽媽，兩個孩子分別是十一歲和十歲。她為家庭中易怒的氛圍尋求治療。她說她覺得家裡每

一個人，包括自己，都透過發脾氣來宣洩挫折。

在探索這種情況對生活的影響時，她說所有人都鼓勵她避免和孩子衝突。但是在釐清避免和孩子衝突對親子關係所造成的影響時，她突然發現此舉迫使她放棄自己的權益。這是否表示其他人總是把她的付出視為理所當然？她回答：「對！」

當詢問她自認有什麼脆弱之處，使別人容易把她視為當然時，「內疚」現身成為可能的「被告」。於是我們充分探索「內疚」對她的生命所帶來的影響。如此一來，內疚成了新的問題外化界定，包含她許多重要的生命經驗，這引起她的共鳴。

接著我們釐清了她對內疚帶來的影響。我們鼓勵她實踐透過特殊意義經驗所發掘的意義。她採取行動，反抗內疚的影響，宣告自己不再任其擺佈。如此一來，她又近一步擴展了自己的影響力。對於兩個孩子，我們發現瑪嬌麗的內疚在某種程度上確實使他們把她視為理所當然。然而，在幾次的經驗中，他們也能夠拒絕這種誘惑。這使得母子三人在短時間內重新贏回他們的生活與關係。

從個別化到一般化

以下的實例將說明，有時人對問題提出的界定是很個別化的。此時鼓勵人們建立比較一般性的外化界定會有很大的助益，這將開啟新的空間，使人們更能夠辨識問題的

影響和尋找特殊意義經驗。

　　史密斯夫婦來為七歲女兒瑪麗尋求諮商。瑪麗有長期的睡眠問題。她父母詹姆斯和瑞秋為了這個問題已然筋疲力竭，卻看不到任何成果。他們的努力包括閱讀、尋求專家諮詢、參加父母效能課程等等。

　　瑞秋和詹姆斯發現，要處理這個問題，唯一有效的方法，就是坐在床邊握著瑪麗的手，陪著她直到入睡為止。這通常需要一個半小時左右，有時候甚至要花費兩個半小時。他們都已經感到「技窮」。

　　因為他們想不起瑪麗自己上床入睡的經驗，在這麼狹窄而特定的問題定義所提供的領域裡，似乎很難找到任何實例，來說明他們自身如何影響問題。所以我向他們提出一些問話，這些問話鼓勵他們梳理出比較一般性的外化問題，也辨識出問題更大範圍的影響。

　　瑪麗的問題是，她必須在父母的陪伴、安撫下才能入眠。那麼詹姆斯和瑞秋認為這對她其他的生活層面有什麼影響呢？

　　討論以後，「缺乏安全感」是他們對問題比較一般性的外化界定。除了睡眠問題之外，缺乏安全感對瑪麗的生活還有什麼影響？瑞秋說，缺乏安全感顯然使瑪麗無法直接面對與朋友的衝突。每當這種情形發生時，她會跑到最近的大人身邊，看起來很沮喪，很需要安慰。父母如果在

場，情況將更為明顯。釐清這種「缺乏安全感」對詹姆斯、瑞秋生活與關係的影響後，他們發現，在這樣的衝突中，他們的確不得不出面保護瑪麗。

討論到家人對「缺乏安全感」這個問題的影響時，我詢問他們是否記得當「缺乏安全感」推著瑪麗依賴父母時，瑪麗曾經有能力拒絕？瑞秋突然想起最近有一次瑪麗和朋友起衝突時，是自己處理，而不是跑到父母身邊，要他們替她處理。【註一】

這個發現開啟了一扇門，讓我們開始提出問話，實行新的意義。瑪麗自己有沒有發現這一點？答案是沒有。她要如何發現自己做到了這一點？她做了什麼使自己準備好進行這樣的突破？如果她發現自己已經變成問題的解決者，有什麼感覺？她將會發現自己具備什麼能力？我徵詢父母對這些問話的回應。他們的答案對瑪麗處理問題和安慰自己的能力做了新的描述。

瑪麗顯然喜歡自己這個「新形象」，不喜歡以前的「舊形象」。瑪麗受到新形象的吸引，這說明了瑪麗對於採取行動、遠離「沒有安全感」做了什麼準備？我們發掘了瑪麗自己避開缺乏安全感、自己處理問題的能力，這樣的新發現，又將如何支持瑞秋和詹姆斯對抗問題對親子關係的影響？關於這些問題，我們討論了各種可能。六個星期之後，瑪麗進一步發展自我安撫的能力，甚至開始堅持獨自上床入睡。

從「專家」到「常民」的界定

有時，人們會運用「專家知識」來界定問題，尤其是被鼓勵運用「科學分類法」描述問題時。但是此種「因循」而來的問題定義，將使得人們的問題失去獨特的個人脈絡，這也使我們難以從問題在不同人身上的生命發展歷程切入。這種因循而來的定義，無法提供檢視個人與問題關係的空間，也使人無法發掘特殊意義經驗，因而無法使人們體驗「生命主權」。

鼓勵人們對問題建構屬於自己個人的定義非常重要。這種新定義是最貼近自身經驗，最能反應當事人所關切的主題的。以下的實例將說明：如何發掘外化的問題定義，而又貼近家庭成員的經驗。

吉姆的父母憂心忡忡地帶他前來。大約七年前，醫生診斷他患有思覺失調症。吉姆越來越依賴，布朗夫婦感到煩惱。他完全離群索居，無心改善自己的生活。父母問他為什麼不想辦法做點事，他總是回答：「因為我有思覺失調症。」

我問他是否關心任何生活中所發生的事，他說並沒有。問他對於自己生活的理解，他說：「我有思覺失調症，就是這樣。」

我請布朗夫婦描述吉姆的思覺失調症對家人生活與關係的影響。他們認為，思覺失調症養成了吉姆的壞習慣。

我要他們說出有哪些壞習慣，並舉例說明這些壞習慣所產生的影響。後來我的結論是：「思覺失調症在吉姆的生活中所教出來的這些習慣，已經使他無法成為自己生命的主人。」

我轉身面對吉姆，問他是否同意。他回答不知道。我說：「如果真的如此，如果這些習慣使你成為生活的過客，使你無法做自己生命的主人，你會不會擔心？」他回答說：「會，我會擔心。」我問：「為什麼會擔心？」因為回應了這句和後續的問話，他開始發現，並說出自己的擔心和對問題的體驗。他也開始「實行」一種「反抗」，挑戰問題對生活造成的貶損效應。

建立對問題定義的共識

有時家庭或夫妻尋求治療時，會對問題的界定產生很大的爭論，使他們難以合作，共同挑戰問題對生活與關係所造成的影響。在這種情況下，外化可以為問題建立起彼此都能接受的定義，促成合作，共同解決問題。我在其他著作中，曾經對這種做法舉了不同實例（White, 1984, 1986a）。

問題外化的這個層面，在處理夫妻衝突或家庭中的叛逆少年，特別重要。

約翰和溫蒂預約會談，因為他們想處理兒子喬的「不

負責任」。喬今年十六歲，很勉強地一同前來。他自認沒有什麼好擔心的。事實上他父母預約會談，正好證明了他一向認為問題的所在：他父母太「嘮叨」，太愛為他「爭吵」。

我嘗試不浪費時間在定義問題這種無意義的爭論上，轉而詢問約翰和溫蒂，如果情況沒有改變，接下來會發生什麼。於是他們花了一些時間談論對喬前途的焦慮。我接著詢問焦慮如何使他們的生活繞著喬打轉，焦慮也鼓勵他們更仔細地看管喬的生活，並且以喬為生活重心。「這種焦慮對喬的生活帶來什麼影響？」

喬立刻加入討論。他發現父母對他前途的焦慮使他膽怯，沒辦法過自己的生活。這對他是問題嗎？是。喜歡被人看管嗎？不喜歡。願不願意和父母一起努力去除這種焦慮，和這種焦慮對親子關係造成的影響？願意。

建立問題外化，且彼此都能夠接受的定義，為雙方共同的努力奠定基礎。溫蒂、約翰、喬開始仔細探索這種焦慮對生活與關係的影響。他們探索自己對「焦慮樣貌」的影響，並找到一些特殊意義經驗，包括喬最近採取行動消除父母對他前途的擔心。他們已經開始依據特殊意義經驗實行意義，也開始探索生活與關係調整的可能。

特殊意義經驗

在「狡猾的便便」這個實例中，特殊意義經驗大部分

存在於問題與家庭成員之間的關係，以及問題與家人關係之間的關係中。然而，我們很難在所有的層面都找到特殊意義經驗；它雖然很有幫助，但絕非必要。只有在促成新意義的實行時，才需要發掘特殊意義經驗。

當所有與問題相關的人們，都根據特殊意義經驗積極實行新的意義時，當然很有幫助。然而，這同樣絕非必要。只要有一個人積極投入新意義的實行，而這個人又能拒絕他人回到問題、與之合作的誘惑，就能夠大幅度削弱問題。

從細節上釐清問題的影響之後，人們就比較容易確認自己對問題的影響。譬如，他們確認狡猾的便便使蘇非常痛苦，接著又從細節上釐清了這痛苦對蘇的意義。於是，當我開始向這一家人提出問話，鼓勵他們發掘自己的影響力時，蘇開始想起，一次事件中，狡猾的便便對她沒有這麼大的影響。仔細釐清問題產生的影響，就可幫助治療師具體地設計問話。

過去的特殊意義經驗

檢視人們對問題的影響歷史，就能找到特殊意義經驗。此時，我們鼓勵人們回想和問題的影響互相矛盾的「事實」或事件。人們雖然在這些事件發生時已有過體驗，但由於心思被問題故事占據而無法賦予這些經驗新的意義。找出過去的特殊意義經驗，可以使人在當下開始實

行新的意義。這新的意義又能讓人回頭修正自己的個人史和關係史。

凱薩琳今年二十六歲，十三歲時背部受過重傷，那次受傷除了使她行動受限，還造成長年疼痛，做過許多檢查和治療都沒有任何成效。意外發生以後，她的生活一直在退化，轉介到我這裡時，患有嚴重的焦慮症和憂鬱症。

她的母親瓊安陪她來進行第一次會談。我鼓勵她們釐清這種長年疼痛對生活與關係所帶來的影響。這種疼痛對凱薩琳生活的許多影響之一是，她開始不願意接近不認識的人。在鼓勵她們釐清自己的影響力時，我問她是否記得曾經本來會因為這種疼痛而不願意和人接觸，但最後還是拒絕了疼痛的擺佈。她想了約二十分鐘之久，才想起約三年前她在離家不遠的地方散步，看到一個人迎面而來。那個人看起來很友善，她覺得他會和她打招呼。於是等他接近時，她就對他點了一下頭，說「哈囉！」雖然沒預料到自己的行為，但當時對她也不具任何意義。

我鼓勵這對母女探索這個經驗片段的意義。當陌生人接近時，凱薩琳是如何處理心中的焦慮？她做了什麼，才沒轉身背對那個人？她做了什麼樣的準備才做到這一點？如果她當時了解這一點的意義，這又反應了她什麼樣的進展？在這樣的經驗裡，她最欣賞自己的是什麼？如果她充分了解這項成就的意義，將會對她帶來什麼樣不同的影

響？

　　經過三年，透過檢視歷史發掘特殊意義經驗，這對現在的凱薩琳和瓊安都是一個轉捩點。接下來，她們發掘了更多特殊意義經驗，包括瓊安有時拒絕加入凱薩琳的「疼痛新聞」。凱薩琳用了幾個月的時間實驗，嘗試拓展自己對問題的影響，測試她的新發現，發展社交網絡以及對生命的渴望。瓊安也開始注意「自己的需要」。

　　這些從過去所發掘的特殊意義經驗，有的是發生在兩次會談之間，有的是在整個治療史的脈絡裡。這為新意義和新故事的拓展提供了豐富的資源。

　　蓋兒幾年前經醫師診斷為思覺失調症。經過多次治療，還是只能過著「角落裡的生活」。她的主要問題是幻聽，這些來自她自己的「聲音」，時常騷擾她，令她困擾不已。

　　第一次會談時，她找到了面對此一困擾的能力。於是她開始採取步驟，擴大自己的影響力，以各種方法挑戰那些聲音，最後終於把大部分弭平為無聲的念頭。

　　她告訴我，這些聲音總是反對她前來和我會談。她必須克服很大的困難才能和我見面，那些聲音總是要她回去。有幾次，這些聲音幾乎成功。為了幫助我了解，她向我說明這些聲音已經受到我們會談的威脅，正不計代價試

圖逃避。

在一次會談之前，她成功地抗拒這個聲音。此前這個聲音一直要求她回去、加倍困擾她。她很沮喪，擔心自己無法抵擋。這時我了解她在原來故事的籠罩下，已經產生了新的故事。於是我提出問話，希望支持她寫出新的故事。我的問話，有部分來自會談中我對她反抗那些聲音的奮鬥史的了解。

最近這一次她如何反抗了那些聲音，堅持來會談？

她告訴那些聲音說：「妳們給我閉嘴。」

我問：「不久前這些聲音還讓妳很難過，很不容易來晤談。當時那些聲音怎麼影響妳？」

她說：「她們把我弄哭了！」

我說：「今天妳有沒有哭？」

「沒有。」

「所以現在的妳和那時候的妳有什麼不一樣？」

「我現在比較有能力！」

「妳何不告訴那些聲音？」

「好……」

蓋兒克服了幾週以來的膽怯，把那些聲音弭平為無聲的念頭。兩個星期以後的晤談中，她告訴我說她「越來越有力量」，不再容許那些聲音困擾她。在她的生命中，這是另一個轉捩點。

當下的特殊意義經驗

　　有些特殊意義經驗是在會談中浮現的。人們通常是透過治療師的好奇，或在治療師要求釐清感覺之時，才注意到這種特殊意義經驗。這種當下的特殊意義經驗通常很令人信服，是可以直接用來拓展新意義的。

　　貝蒂說服了凱斯參加治療，她假設自己有些問題需要處理，希望治療師也能聽聽凱斯的意見和想法。然而，不久我們就發現真正的問題在於凱斯有時出現的暴力和攻擊性。在討論這種暴力和攻擊性對貝蒂和他們之間的關係影響時，他們兩人了解必須優先處理這個問題。討論以後，凱斯同意加入。

　　我們做了一項避難計畫。只要貝蒂感受到威脅，覺得凱斯即將出現暴力行為時，她就實施這個計畫。這個計畫的實施和凱斯有密切關係。他被要求在事前去找任何一個在計畫中所列出的親友，他將因為不再對暴力保持緘默，而對問題的解決做出重大貢獻（這將是特殊意義經驗）。

　　經過仔細討論，凱斯同意這個計畫。透過問話過程，我們了解凱斯的暴力棲身於「男女關係」的主流知識脈絡，和伴隨這種知識而衍生的「權力技巧」。我們辨認出在主流論述和權力技巧之下的特殊意義經驗，於是我要他們開始實行新的意義。

　　第二次會談進行到約一半的時候，貝蒂做了一次冒

險，提出明知會和凱斯牴觸的意見。看得出來凱斯聽到以後相當掙扎，幾秒鐘過去後，他卻沒有做出任何反應。

我問他：「你是如何做到的？這個階段我還沒預期有這種結果。」

他回答：「我如何做到什麼？」

「你如何克制自己不要有反應，不要控制她說話？」

「我不知道。」

「你不驚訝嗎？」

「喔，我想我是……對，我是！」

「你覺得這有什麼意義？」

「呃……」

接下來我們一直探索這種特殊意義經驗的意涵。這個過程使凱斯這個人的生命故事發展出新的一頁。

未來的特殊意義經驗

特殊意義經驗也可能發生在未來。檢視人們逃離問題影響的意圖、計畫，或探究他們對生活與關係不受問題影響的渴望，都能找發掘這種「特殊意義經驗」。

納桑雖然很難找出自己對問題的影響，不過在發現問題如何影響生活以後，感到十分震驚。事實上，驚愕已經明顯使他下定決心，想辦法不讓問題把他逼到角落。

我對他做了回應，問了他一些話：「你好像已經下定

決心要想辦法解決問題。」他表達了自己的堅決。「你能做什麼來拯救自己的生活？」他已經有了一些想法。「你從哪裡得到這些想法？」「如果照著這些想法去實行，你對自己的感受會有什麼不同？」他回應會很不一樣。「帶著這種對自己不同的感受，你覺得生活當中哪些事情會比較容易著手？」他想到幾個可能。

回應這些問話時，他漸漸發現自己其實可以有比較美好的故事。接下來納桑開始採取行動實現這個新故事。

這種特殊意義經驗雖然和預期未來有關，但其實也是當下的特殊意義經驗，這同時能夠讓我們找到過去的特殊意義經驗。人的意圖和渴望可以視為現在面對問題時的反抗行動。這使我們得以探索人們過去有什麼樣的經歷使他們了解自己能夠期盼一個不同的未來——他們曾經「瞥見」的或許維繫了他們的渴望。

特殊意義經驗與想像力

無論對治療師或對尋求治療的人而言，想像力在問題的外化上都扮演了相當重要的角色。這我們能夠辨認出特殊意義經驗，然後實行其中的新意義。

想像力的重要性在於，治療師要能夠想像對尋求協助的人而言有意義的是什麼，不被個人對生活與關係發展的判斷及標準所遮蔽。譬如，在家中接待朋友，對治療師個

人可能沒什麼大不了，但是對某些人卻是意義非凡——也許相當於治療師走鋼索般的不尋常。此種事件的本質，重要性可能相當於英雄事蹟。在此，無關乎人們採取的行動大小，重點在於行動的方向。

治療師一旦認清人對問題相關事件的慣性、可預測反應，就能想像何種反應可以構成獨特、意料之外的結果。這將提高治療師對「訊息差異」的敏感度，然後反過來幫助他支持人們運用想像力。

布魯斯大約八年前經醫師診斷為思覺失調症。後來他的父母李察和明帶他來找我，妹妹艾琳也參加了這次會談。明和李察關心的是布魯斯生活的目標。他很穩定，但十分退縮。他很少走出自己的房間，也不見客人。

第一次會談結束前，布魯斯認為自己已準備拓展自己對生活的影響力。他計畫打電話給一個低調的社交團體主持人，安排時間見面。之前他幾次拿到這個電話號碼，卻都沒有付諸行動。他已經五年沒接過電話，更別說打給別人。所以，我請布魯斯和父母開始討論，他是否已經準備好打電話，並透過談話探索事先採取步驟幫助他踏出這一步，是不是比較明智的選擇。然而，他還是確定自己已經準備好要打電話。

第二次會談時，我邀請他們談談是否有進展。顯然是沒有。事情「還是一樣」。這次會談進行到一半，我突然

想起他曾經決心要打電話給社交團體的主持人。他打了沒有？「有。」他說，然後開始談論與此無關的事情。我看看他們，每個人都心不在焉，都沉浸在自己的世界裏。可以想見，他們並不期待會有不同的發生。

「等一下，等一下！」我說，「我有沒有聽錯？」

他說：「什麼？」我引起了他的注意。

「也許思覺失調症會傳染，我聽到一些聲音。」

他困惑了：「什麼意思？」

「呃，剛剛我以為你說你已經打了電話。」

他很確定地說：「你根本沒有在聽，我真的有講。」

「那再告訴我一次，這一次講大聲一點，讓我們可以消化一下這件事！」他立刻講了一次。於是我向他道歉，並且告訴他我完全沒想到會有這樣的發展。接著我問他是否介意讓我再聽一次這個消息。他又講了一次。這一次聽了以後我假裝從椅子上跌下來。

他覺得很好玩。現在，在場的每一個人都開始注意他這樣的發展。「有沒有誰完全沒料到這個消息的？有沒有人覺得很驚訝？」李察經過片刻思考，然後對明說：「想一想，真是令人驚訝，不是嗎？」明立刻也有了發現新大陸的心情，開始詢問布魯斯這次意外的行為。我們滿懷好奇地問他問題、討論這項成就的意義，足足進行了三十分鐘。我記下了這些問話、他們對問話的反應以及討論的內容，後來把這段過程摘要寫在給他們的信中。

一個月以後的第三次會談中，他們一開始就告訴我，布魯斯又讓明驚訝了兩次。由於會談只有一小時的時間，所以我們並未充分討論這兩次事件和其中的意義。在後續的會談當中，我們雖然很努力地想和布魯斯的新發展同步前進，卻始終都跟不上他的速度。

修正人與問題的關係

問題與問題的影響具有一種互相依賴性質。因此，從這點看來，我們可以說：問題依靠其影響而存在。我曾經在別的著作討論過，這種影響構成了問題的生命支持系統，也就是，這種影響可以視之為問題的生存必要條件（White, 1986a）。

在這個觀點下，辨識特殊意義經驗，拓展新的意義，都將支持人們認識自己為反抗問題影響所做的努力，及對問題生存必要條件的反制。了解問題與其影響力之間的相互依賴，我們知道，只要人們拒絕與問題的生存必要條件合作、拒絕接受問題的影響，都會削弱問題，並縮小其影響範圍。如此，在依照特殊意義經驗實行新意義的過程中，人們將會自然重新修正自己與問題的關係。此種新關係的描述，就會和起初繪製問題的影響地圖時的描述，產生相當程度的差異。如果在此時鼓勵人們清楚地辨識出自己與問題關係的轉變，將強化人們對新可能的探索。

哈里森夫婦為了八歲的兒子阿隆來尋求治療。阿隆亂發脾氣的慣性是他們急迫的問題。此外他還會半夜遊蕩，每個人都認為他越大越失控。

他還有許多別的問題使父母擔心，包括飲食習慣、不合群、在學校失序的行為等。他的飲食習慣的確可觀。只要稍有機會，就會喝掉一整壺咖啡，吃掉整條牙膏，一口氣喝下整瓶醬油。最近他吃了測驗設備，破壞了新購的心理評估工具。

他上的是特教班，很長一段時間有學習問題，很小的時候就經醫師診斷為過動症。他的幾個姊姊和他完全不一樣，看起來都是滿平常的少女，飲食習慣也與無異於常人。

釐清家人對問題生命發展的影響時，我們發現最近最戲劇化的特殊意義經驗，是在阿隆發脾氣時，哈里森太太「轉身離開」而不加入。我鼓勵他們探索這個特殊意義經驗的意義。我問哈里森太太，她和問題的關係對她具有什麼意義。她拒絕接受問題的影響，是順應還是反抗問題對她的要求？她最渴望和問題維持什麼樣的關係？不與問題合作是助長還是削弱問題？她還能做什麼來強化與問題的這種新關係？現在她在這種與問題的新關係中，是有影響力的夥伴嗎？

幾次會談之後，她轉變了自己和問題的關係，她的家人也開始跟進，於是問題很快就失去了生命支持系統。阿

隆的行為自此開始改善，學習能力大幅提升，專注力也改善了許多。我高興的是，哈里森太太變成了阿隆同學父母的「顧問」，常常幫助其他父母檢視他們和各種問題的關係。

責任

問題的外化能夠使人與問題分開，但外化不能使人推卸責任，不能讓人們否認他們參與問題而使其以生存。事實上，問題的外化不但能使人們覺察、進而描述自己與問題的關係，也能夠使人們擔負起對問題的責任——以前他們不可能擔負的責任。

此外，問題的外化的效果還包括：使人們不再以問題故事描述自己的生活與關係；催化或喚醒在生活與關係中比較新的、比較美好的故事版本；幫助人們辨識與發展自己與問題的新關係。這些都將醞釀一種生命主權。因著生命主權，人們將能為自己的生活探索新的選擇，追求新的可能性，並且為此負起全然的責任。他們在外化過程中，將發現建構個人生活的新能力。

文化脈絡

在人們學習和問題分開的過程中，可能會對一些來自文化，把人和人的身體「客體化」（objectifying）或「物化」（thingifying）的現象提出質疑。在這種現象的脈絡

裡，人被當做物體來建構，也希望物化自己、自己的身體以及他人。這是把人定型、把人規格化。在西方社會，這種把人「物化」的現象是普遍存在的。

人把自己、自己的身體、他人「去客體化」（de-objectification）的行為都可視為問題外化的實踐。這樣的實踐對於人們很有吸引力。他們張開雙臂擁抱這樣的行為，並從中得到解放。在後續的會談過程，每次和人們討論外化問題的經驗，許多人立刻表達了解此中意涵，感受到自由、不再受問題的影響而採取行動。

傅柯自認是「思想體系的歷史學家」。他對這種以「壓制」人為目的進行的「客體化」文化做法做了歷史的追溯（Foucault, 1965, 1973, 1979）。根據他的看法，近代史上，西方社會一直依靠人及其身體的物化進行社會控制。人及其身體客體化的現代史剛好和所謂「劃分的做法」（dividing practices）（Foucault, 1965）和「科學分類法」（scientific classification）（Foucault, 1973）的興盛相互呼應。他追溯此種「劃分的做法」的歷史，發現這種行為是在十七世紀，隨著一六五六年巴黎總醫院的開辦，第一次大規模出現。這種做法區隔出一些人和團體，並且透過人與社會身分的劃分而將人客體化。另外，在科學分類法之下，人的身體被建構成物體。

這樣的做法旨在劃定人的身分，而且這種人格的劃分又非常的個人——是一種「自我占有」（self-possession）、「自我牽制」（self-containment）的劃分。傅柯對西方文化現代史這種越來越嚴重的人格個別劃分做了觀察。但是他不是唯一進行這種觀察的人。譬如，葛茲（Geertz, 1976）曾經強調類似的觀點：

> 人是有限的，獨特的認知宇宙，是覺察、情緒、判斷、行為所組成的獨立、整體的動態中心，這種西方觀念不論在我們看來是多麼無可撼動，但在世界各文化概念當中是較特殊的觀念。（p.225）

傅柯認為，這種發展無可避免地會和當代國家權力的運作、人與人的身體的統治、人的「壓制」以及「柔順的身體」（docile bodies）的塑造糾纏在一起。拉比諾（Rabinow）總結傅柯的立場：

> 國家權力若要建立越來越全面的控制網絡，跟它是否有能力建立越來越精細分化的個體性息息相關。（1984, P.22）

檢視了將人與人的身體當做物體建構的文化做法後，我們必須思考當代權力運作的特殊形式。檢視此種權力，可以幫助我們了解人受壓制經驗背後的更大脈絡。

此外，這種檢視還能促成此一現象的反實踐「治療法」（therapies of counter-practices）的產生。現在我將透過傅柯（1979）對邊沁（Jeremy Bentham）「圓形監獄」（Panopticon）的分析，進行檢視。

圓形監獄

結構

圓形監獄是十八世紀法國哲學家、社會改革者邊沁所發展出來的建築。邊沁認為這種建築是在空間當中組織或編制人們的「理想」模式，可以有效地「鑄造」人成為「柔順的身體」——易於轉變和利用的身體。他認為，這種建築的理想性，在於它把人的效率推到最高、把管理所需的成本降到最低。所以，在這樣的憧憬之中，圓形監獄是一種非常經濟的權力形式。

然而，圓形監獄並不是一種全然創新的權力技術。它承繼、改良的控制技巧來自局部層次，例如軍隊、修道院、學校等等發展出來的制度。圓形監獄是一座環形建築，中間是一座塔樓。圓形監獄可能有好幾層，每一層只有一個房間的深度，並分割成許多小房間。每個房間都有一扇後窗讓自然光照進來，前面有一個很大的前窗面對中庭。房間之間沒有窗戶，住在裡面的人無法彼此直接接觸。這種房間，依照組織的性質或目的，可以作為「牢

房」、「工作間」等用途。

凝視

　　每個房間都面對中庭中央的監視塔。監視塔駐有警衛，層數和圓形建築的層數相當。警衛從監視塔監視每個房間的活動，視線完全沒有阻礙。在背光的照射下，房間裡人的活動會變成剪影，變成鮮明的浮雕。房間裡任何活動都逃不過警衛的監視，房間裡的人永遠成為被監管的對象。這種空間是「……小劇場，每個演員都是孤獨的，全然地個別化，也永遠可見。」（Foucault, 1979, p.200）

　　然而，房間裡的人永遠可見，監視塔的警衛卻永遠不可見。監視塔的設計是，透過精心設置的門、窗，使房間裡的人看不到監視塔內部。房間裡的人永遠不知道塔裡什麼時候有人在監視他。如此一來，人們別無選擇，永遠只能假設警衛正在注視他。所以他們體驗到的自己是永遠被監視的對象。因此，這種權力機制就會「誘導」人在行動時，認為隨時有人在監視自己。

　　這種監視系統不但有效，而且經濟。用相對少數警衛，在各扇窗口梭巡，就可以達到監視作用。

　　因為永遠有人看著你，因為永遠被人看著，所以能夠使人保持紀律，永遠順服。（Foucault, 1979, p.187）

生活的評估與定型

圓形監獄在空間上對人的配置會製造一種情境，透過組織建制的規範，對人進行分類、認證、評量、比較、分化和判斷。這又使得人被孤立分化。除此之外，這種空間配置還提供理想的條件，可以依照組織的準則，對人進行訓練和矯正。

因此，住在個別空間的人體驗到永遠的凝視，其實是「常規化的凝視」（normalizing gaze）。這些人體驗到，永遠有人依據組織建制的規範或標準在對他進行評價。這種常規化的凝視會使人永遠受到「所有時間、活動、行為、講話、身體、性慾上的小懲罰。」（Foucault, 1979, p.178）

檔案發明以後，隨時可以記錄人的生活，又強化了對人施行常規化與個別化的做法。如此一來，人們就被「掌握並固定在文字當中」，便於收集統計數字，設計定型化規範——也就是建構關於人們一體、全面的知識。根據傅柯的觀點，這種對人的描述，「將真實生活轉變為文字」，成為一種重要的社會控制手段。

> 以前是宗教要求人犧牲身體，現在卻是知識要求我們拿自己做實驗，要我們犧牲知識的主體。（1984c, p.96）

檔案可用以紀錄,把人「客體化、主體化」,所以在「個人的格式化」過程當中十分重要。

常規化的判斷

圓形監獄的設計目的是完完全全壓制人。每個人隨時覺得自己在組織規範和準則的監管之下,而在這種監管下,在這種「常規化的判斷」下,人是完全孤立的。由於人在自己的空間不能和其他人直接接觸,所以也無從比對彼此的經驗、生產不同的知識、建立同盟、反抗壓制。在這個嚴格階層劃分的觀察體制,在這個「個別化的金字塔」當中,不可能發生「多元化」常有的掙扎與反抗。對權力的反抗就這樣有效地中和掉了。

圓形監獄提供了一種當代權力機制。這種權力機制依賴的是「常規化的判斷」(normalizing judgment)。它所提供的社會控制系統不容許人們根據自己的價值和道德觀點判斷自己。這種社會控制不是依照人們「犯錯」的程度決定行為的後果。這種社會控制手段是依照某種規格標準判斷人的表現。瑣碎的檢查取代了道德判斷。行為後果是由一個人的表現程度而定。在此,焦點不在於「做錯事」,而是「沒有達到要求的程度,或者任務失敗」。凡是偏離組織的規範和準則,都應受懲戒。

自我壓制

　　這種當代權力機制不但把人和人的身體物化，而且還徵召人們積極參與自我壓制的過程，依據組織的要求或規範，塑造自己的生活。

　　一如之前的討論，人們若是永遠不知道何時有人在審查自己，就只能假設自己永遠是被監控的對象才會感到安全。在這種情況下，他們會永遠警戒自己的行為，隨時依據組織設定的規範，評估自己的行動、樣態。一旦認為自己的行為有何失常或錯亂，他們便會受到誘導，把身體當成物體對待，亦即從事規訓、矯正的運作，把自己塑造成為柔順的身體。如此一來，他們就成了自己的警衛，開始監視自己的樣態。他們成為自己審查的對象。

　　　　置身於可見領域，也知道自己置身可見領域
　　　　當中的人們，就會為權力的約束負起責任。他使
　　　　得這些約束恣意地在自己身上為所欲為；他自陷
　　　　於這種權力關係，同時扮演兩種角色，成為壓制
　　　　自己的規訓。（1979, p.202）

積極形式的權力

　　傅柯認為，圓形監獄的權力模型在性質和效應上是積極（positive），而非消極的。討論權力的積極性質時，他指的並不是一般意義之下的「積極」，並非指某種有

利、可欲的事物。他所謂積極的權力之所以積極，指的是它建構或塑造人的生活。這種「效應積極的權力」的概念和一般的權力概念全然相反。一般的權力概念都主張權力在運作及效應上都是壓制人的，主要是進行剝奪、限制、否定、包圍，是一種負面的力量和本質。

然而傅柯認為，在西方社會，我們體驗的主要權力並非消極或壓制形式的權力效應，而是積極形式的權力效應，建構人們生活的權力所產生的效應。人透過這種權力接受常規化的「真理」，讓這種真理塑造他們的生活與關係。接著回過頭來，權力的運作又建構或生產出這些「真理」。

我們必須暫時停止使用消極的辭彙描述權力的效應，像是「排除」、「壓制」、「檢查」、「抽象」、「掩飾」、「遮蓋」。事實上權力具有生產力。它生產現實、生產客體與儀式性的真理。個人以及那些可能從他身上獲得的知識，都是這種權力的產物。（ 1979, p.194 ）

討論到「真理」，傅柯並不贊同「人的本質裡，存有客觀的或固有的事實」這種想法，而是指那些建構出來，被賦予真理地位的觀念。這些「真理」是「常規化」的——意思是它們建構出標準，然後煽動人依照這些標準

塑造或建構自己的生活。所以，這些「真理」實際上是在明確指導人們的生活。

君權與當代權力

傅柯也針對造就圓形監獄的當代權力形式和早期權力形式——也就是君權，進行比較。早期的君權，其有效性主要依賴群眾看見君權的程度而定。人們透過君主的能見度體驗國家權力。為了讓百姓感受國家權力，他們利用各種機制，將「聚光燈」打在君主身上，其中包含各種儀典、場合。此種權力形式，最強盛之處是在源頭。

在君權之下，權力的主體是隱形的。那些被關入牢房、從大眾面前隱匿消失的人，對於這種權力的體驗最為深刻。「流放」的能力是衡量這種權力有效性的標準。然而就社會控制的角度而言，君權卻被證明是最昂貴但比較無效的手段。

相對於君權，以圓形監獄為代表的權力機制是否成功，主要是依靠臣民看不見權力的源頭。這種權力之下，站在聚光燈下的是臣民。衡量這種權力的有效性，尺度在於臣民永遠可見的程度。所以這種權力不是在源頭最強，而是在接觸點。這種權力提供了非常經濟而又有效的社會控制手段。

簡單的說就是，以一種暗地裡將權力承受者

客體化的權力，取代彰顯當權者偉大之處的權
力；建立關於這些個人的身體知識，代替誇示君
權的種種標記。（1979, p.220）

圓形監獄模式也是一種能夠自我維持、高度自主的權
力運作機制。監獄裡的警衛本身也是這種權力的客體對
象。在監視塔的訪客中，他們不知道誰是督察，所以警衛
們也覺得有看不見的人隨時在評估。所以他們也會受到誘
導，根據規範行事。因此，圓形監獄提供了一種機制，當
中每一個人既是權力的主體，又是權力的工具，或者說，
載具。【註二】

這的確是此種概念及其應用上兇殘的一面。
在此，人擁有的權力並不是完整的在自己手中，
不是他自己要用就用，也不只是施之於他人。
這種權力是一種機器，人人深陷其中——行使
權力的人和被施行權力的對象都一樣。（1980,
p.156）

討論

圓形監獄這種建築形式從未曾如邊沁期望的風行起
來，真正應用的範圍有限，僅限於醫院、監獄等。即使壓
制人們的效應，也不如原先的預期。

然而，根據傅柯的看法，透過權力匿名且自動化地運作，可能也可以達到社會控制的概念卻流傳下來、廣為人所接受。圓形監獄所示範的，將人和人的身體客體化的權力技術，事實上已經普遍施行於經濟活動當中。「在西方，經濟的起飛、資本的累積，必須仰賴累積人的管理。」（1979, p.168）這種權力技術使資本主義的興起成為可能，人文科學的規範亦然。

> ……科學訓練做的是標舉特性、分類、特殊化。科學訓練一直在根據規範量尺分配等級，在人與人之間區分階層；如果必要，就剝奪人的資格，宣布無效。（1979, p.223）

傅柯認為我們已經進入「無限審查，強迫客體化的時代」。現在的社會是常規化的社會，其中評估取代刑罰，而且滲透司法，進行社會控制——控制身體、群體以及知識。這是隱身於法律「底下」的權力，滲透入司法程序的權力。他說到法律的矯正效果是：「透過統計方法和判斷，評定何謂正常，而非評定對錯」、「將不正常者孤立，用矯正手段使他們正常。」（1979）

最後的思考

以上，我描述了外化問題的實際做法，已經有許多

治療師採用這樣的方式，並且在不同脈絡下，富於創意地應用在各種問題上（譬如 Durrant, 1985, 1989: Epston, 1989）。

我認為，「問題外化」可說是欲將人及其身體物體化的文化行為的反向操作。這種反向操作為人們開啟了新的可能，使他根據新的故事或知識，改寫或組織個人、他人、關係。因此，我相信這種反向操作奠定了基礎，使我們能夠採取行動，實現傅柯所提議的：

> ……把我們自己從國家和那種與國家相連的個別化解放出來。我們必須拒絕這種幾百年來強加在我們身上的個別性，從而促成新的主體形式。（1982, p.216）

有些做法給當事人帶來的體驗是「可以使他們有能力」。我描述了這種做法，但並不是說我們可以讓所有的人、在所有情境下都施行這種做法。譬如，有些人因為遭遇危機而尋求治療，他們的生活和關係並沒有固定在問題故事當中。在此，治療師應該協助人們釐清自己在不同層面對危機的體驗，並檢視他處理這個危機的方法。

此外，有的人尋求治療時，並不是因為生活充滿問題故事，而是他們覺得自己的生活乏味。這種情形下，治療師應該鼓勵人們尋找生涯當中「閃耀的經驗片段」，包括

與各種轉捩點相關的經驗，邀請他們根據這些片段實行新意義。這樣做的效果是在突顯此種經驗的重要性，幫助人寫出更獨特的生活紀錄。

另外有些人試圖依照自己渴望的故事調整生活，擁抱新知識，但是因為仍有其他人和關係中存有舊的、壞的故事或知識，所以覺得難以調整。此時，治療師應該鼓勵人們，透過再敘說欣賞自己的奮鬥史，探索是否可能建立情境，施行自己渴望的故事和知識，並且使這種故事和知識得以流傳。

【註一】 雖然我們很快辨認出瑪麗對「缺乏安全感」的生命發展的影響，但這樣的例子對治療的進展並不是最重要的。另一個可能是，辨識父母對於「缺乏安全感」生命發展的影響。近來，在與另一個有著類似問題的家庭工作時，我們無法很快找到這個女孩對問題發展影響的證明，但父母拒絕與「缺乏安全感」合作的證據卻很明確。在一次事件中，他們要求女兒要安撫自己。家庭成員參與了這個特殊意義經驗的意義實行。在當次會談結束前，這個女孩似乎因為父母堅決地陪在她身邊，共同對抗缺乏安全感，而開心不已。

【註二】 這並不表示所有人在權力效應的體驗上是均等的。

第三章

說故事的治療

　　以治療為目的的寫作並不一定要冗長，連篇累牘，消
耗時間。對於那些努力要使自己的生活與關係脫離問題影
響的人，即使只是一封簡短的信，都可能價值非凡。

我們相信，在人文科學領域（尤其是社會組織相關主題），邏輯科學思維模式的應用和科學理論的生產，永遠都應受到嚴肅的質疑與挑戰。為實踐此一信念，把造成科學主義的思維模式和我們認為適於詮釋人文系統的思維模式做個區分，將會很有幫助。

我們這種區分是向布魯納（Bruner, 1986）借用的。他對邏輯科學思維和「敘事」思維的模式進行了區辨。

> 兩種認知機能的模式、兩種思維的模式，各自提供不同了的排列經驗順序和建構現實的方法……好的故事和形式嚴密的論證不同，兩者都可以用來說服世人。但說服的訴求根本不同：論證以其真實性來說服人，故事則以生動來說服人。前者最終訴諸於求證的程序，由此建立形式的、經驗的真理。故事追求的卻不是真理，而是生動。（P.11）

所以，依據邏輯科學思維模式的活動和敘事思維模式所推動的活動是截然不同的。建立良好的邏輯論證和建立好故事，兩者的標準無法比較。

邏輯科學思維模式涉及程序、成規，以確保其在科學界的正當性。這些程序、成規應用「形式邏輯」、「嚴格分析」、「由合理的假設所引導的實證發現」，而且所產

出的結果必須是普遍的，而非特殊的「真理狀況」；所產出的理論必須是「可驗證的正確」。這些做法的脈絡是直陳事實的語態（indicative mood），因為這種典範的思維模式或邏輯科學的思維模式：

> ……意圖透過正式、精確的系統以描述、解釋概念。它透過分類或概念化，以及建立分類、例證、理想化、建立相關性等操作，建置系統……在粗略的層次上，邏輯科學模式……處理的是一般性成因和因果的確立，並且要求我們運用程序確認可證實的參考點，檢證經驗的真實性。它的語言必須符合「一致」與「不矛盾」的規範。（Bruner, 1986, pp.12-13）

另一方面，敘事思維模式的特質在於它是好故事，因生動而可信。好故事關切的不是為建立抽象或整體理論而遵守程序或成規，好故事關切的是特殊的經驗。它的意圖並非建立普遍的真理，而是時間推移中不同事件的連結。敘事思維模式的導向並非「確知」，而是導向不同的觀點。在敘事的世界裡，普遍存在的不是直述語態，而是假設語態（subjunctive mood）。

布魯納（1986）探究故事之所以成為好故事的因子，探究具有文學特質的故事所具備的要素以後，提出

某些機制。這些機制增加文本的模糊空間，並徵召文本讀者「在文本引導之下實行意義」。於是文本成為與真實事件相關的虛擬文本。這種機制是所謂「假設現實」（subjunctivize reality）的機制。他提出了其中三種：

> 第一，是開動假設（presupposition），也就是創造晦暗不明的意義，而非明晰確知的意義。因為明晰的意義，取消了讀者詮釋的自由……第二，我會說是「主觀化」（subjectification），意即並非透過看到永恆不變的現實的全知觀點，而是透過故事主角意識的過濾來描述現實……第三，多重觀點（multiple perspective）：不是看到單一意義的世界，而是透過一組稜鏡，同時間每個稜鏡各自掌握其中一部分……因此，置身假設模式，就是來回於人的各種可能，而不是在「確定」當中。

不同領域的作者也強調，「假設現實」對於提供脈絡以創造轉變或新的可能性，並實行新意義的重要性。譬如，透納（Turner, 1986）就把假設語態和成年儀式當中的中介階段或過渡階段相提並論：

> 我有時候會談到：中介階段主要是在文

化的假設語態當中，在也許、可能、彷彿、
假設、幻想、推測、慾望等語態當中──視
認知（cognition）、情感（affect）、意欲
（conation）三位一體在當下何者居於主要地位
而定。（p.43）

雖然布魯納對敘事的觀點與文學性的文本結構有關，
但我們相信，人們大部分是將自己的經驗組成故事以後，
才能夠對生活賦予意義，而這些故事了塑造他們的生活與
關係。此外，我們同時認為，大部分的對話，包括內在對
話，都至少受到故事基本要件的塑造，所以要有開始、轉
折及結束。因此敘事並不限於文學文本。

我們的生活無止境地與敘事交織，所有的故
事包括來自個人所說、來自別人所說、來自夢境
的或想像的，全都交織在一起。這一切都會在我
們對自己生命經驗所敘述的故事中，再次作用。
我們對自己敘述關於個人的故事是多重片段、不
相連貫的，有時候只是半自覺、實際上不受干擾
的獨白。我們沉浸在敘事中生活，一再細數與評
估自己過去行為的意義，期待未來計畫的結果，
並將自己置身於幾個未完成故事的交叉點上。
（Brooks, 1984, p.3）

邏輯科學模式與敘事模式的區別

以下，我們將從不同向度來討論，以區別邏輯科學思維模式和敘事思維模式的分別。

經驗

邏輯科學模式抹除個人經驗的獨特之處，以進行具體建構、事件分類，建立分類與診斷系統。

相對而言，敘事模式重視特殊的生活經驗。生活經驗是「重要的」考量所在，生活經驗不同面向之間的連結是意義的生產器。

> 唯有將過去具類似效力的類似經驗（至少是相關經驗）累積的結果，和現有的主要經驗連結起來，我們所謂的「意義」關聯結構才得以出現。（Turner, 1986, p.36）

時間

邏輯科學思維模式關切的是自然所衍生的一般性法則，建構適用於所有時空背景、一體適用的真實。然而這裡面卻排除了時間向度。在邏輯科學思維對世界事件的詮釋當中，時間向度毫無用武之地，所有詮釋都必須超越時間的影響、必須「經得起時間考驗」、顛仆不破，才有資格或價值列為「真實」。

相對的，在敘事思維模式中，暫時性卻是關鍵的向度。在敘事思維模式中，故事是依靠揭露時間向度中所發生的事件，依情節安排而存在。在時間當中編排線性事件序列，對於任何「故事感」（storied sense）的衍生都是必要的。故事有開始、有結束，兩者之間就是時間的推移。

> 暫時性的定義，清楚揭櫫了情節在事件與故事之間的連結功能。故事**誕生**於事件，而使事件之所以**轉變**為故事的，就是情節。所以，情節把我們置放在時間與敘事兩者的交點上。（Ricoeur,1980p.171）

語言

邏輯科學模式完全依靠語言的直敘語態，降低複雜度與不確定性。這種做法企圖使現實具體化，使人們在所處的環境中，得到實質感、具體感與確定感。

由於建構世界的準則是「前後一致」和「不互相矛盾」，必須以單一意義的文字用法排除不同的意義，並視量化描述優先於質性描述；此外還要發展專門術語以降低分歧的風險。在此，分歧指的是文字「不只有一種意義」的可能，「文字的意義也許是由獨特的脈絡決定」的可能。確認意義，目的就是為結束「爭論」。

相對的，敘事模式完全依靠假設語態創造一個意義隱晦、而非明晰可辨的世界。「預設」的啟動開啟新的可能，安置「多重觀點」，使「讀者」開始實行獨特的意義。這種語言做法使我們重視經驗的複雜性和主觀性。

敘事思維不獨厚單一意義的文字運用，容許分歧，隨時都鼓勵多重的詮釋或解讀。由於語言資源的增加、可能的現實範圍隨之擴大。敘事思維也鼓勵人們對事件做平常的、詩意的或生動的描述，無需使用專門術語。對話不是為了達成特定目標，而是富於探索精神。

個人主導權（personal agency）

邏輯科學模式呈現的個人性是被動的劇場，受到非人格的力量、驅力、衝擊、能量、轉移等驅動，這些都隱藏在它所運用的辭彙當中。為了探索的目的，它假設某些外在或內在的力量，在人身上作用著，也正是這些力量塑造、建構人們的生活。這種科學探索有時將人貶抑為高級的自動機器。

但敘事模式卻將人視為自己世界的主角或主動參與者。這個世界是詮釋行動的世界，每一次故事的再敘說，都是新故事的世界，人們和他人共同「改寫」故事，因而塑造個人生活與關係的世界。

觀察者的立場

邏輯科學思維模式為考量客觀性,將觀察者從被觀察的事物中抽離。根據定義,主體是受影響的一方,所以是自外於觀察者的「另外一邊」。觀察者和被觀察現象的發生沒有瓜葛,主體也不受觀察行為的影響。這一切都是為了要使觀察的立場超越主體。

但敘事模式卻重新界定觀察者與主體的關係。「觀察者」與「主體」兩者都放在要實行的「科學」故事當中,觀察者在故事的建構上扮演了「優先作者」(priviledged auther)的角色。

我們在敘事思維模式背景中定位治療時,認為生活故事是透過「主角的意識過濾」所建構的,因此,代名詞「我」(I)、人格化的「你」(you)取代了超越事外的「我們」(we)和主體化的「它」(it)。

實際做法

在敘事模式的背景中,治療的思維模式如下:

1. 以人們的生活經驗為優先。
2. 鼓勵人們隨時間推移連結生活經驗或將之說成故事,藉此體驗持續變化的世界。
3. 運用假設語態引發預先假設,建立隱晦不明的意義,產生多重觀點。
4. 鼓勵分歧【註一】,運用平常、詩意及圖像的語言描繪經

心，談了許多妳的事，因此決定寫這封信給妳。對我們每一個人而言，過去生活有些空白需要思考、拼湊並找出其中的意義，支持我們分辨正義與非正義的區別、愛與折磨的區別、我們聽到的謊言與現在已經明瞭的真相的區別。瑪姬和瓊安虧欠妳最多，我們現在完全明白妳為了救我們，在某個程度上犧牲了自己。妳教我們躲避、保護自己、逃跑。家庭發生的迫害，妳首當其衝。為了妳為我們所做的這一切，我們愛妳、尊敬妳、欽佩妳。現在我們希望能為妳做同樣的事。

過去沒有人相信妳，事實上我們也沒辦法相信自己。三年前，瑪姬和瓊安鼓起勇氣告訴對方真相。從那個時候開始，我們的生活開始了痛苦的銜接過程，但我們掃除了困惑和瘋狂的陰霾。

我們姊妹之間存在著愛與了解。希望妳也能加入我們。如果沒有妳，我們的姊妹之情就有很大的漏洞。過去妳給過我們的，我們現在想要回報給妳，因為妳受的苦最多，受的折磨最深。

我們都受到欺瞞，所以父親才能夠一直對我們施加暴力和性侵害。我們都是受害者，但是我們活下來了。下一步就是要為我們自己把事情矯正過來，並且見證男人施加在女人身上的暴力與侵害。我們知道這不容易而且需要時間，但我們決心完成。我們很希望妳可以和我們在一起，因為這樣妳也將會找回自己。

我們的家曾經是占領區，受到父親兼迫害者的侵害、恐嚇。但現在我們想要、也有能力重新掌握自己，重新掌握自己的身體、尊嚴與驕傲。要反抗，最好的方法就是全家人一起反抗，因為我們的力氣還沒有耗竭。過去的痛苦，大部分是妳在反抗，或許現在最無力的是妳。但是現在我們要把我們的力量給妳，因為我們還有足夠的力量。因為妳，我們才這麼堅強，變成堅強的女性。我們虧欠妳太多。妳孤軍奮鬥太久了。現在我們決定團結起來，一起反抗。

　　祝好！

最愛妳的家人

　　下一次會談，莎莉來了。她們重讀這封信，我們全部哭成一團。

哈爾

　　哈爾是十三歲的毛利族（Maori）男孩子，剛出生就由外祖父母領養。這種領養在毛利習俗是被認可的。外祖父母相繼去世後，他的氣喘變得很嚴重。親戚把他的生母找來照顧他。由於他一直由祖父母養育，生母和他很少接觸，自覺很不了解他，對他而言沒有身為父母的權威。哈爾在九個月內六次住院，其中兩次發作幾乎死亡。他服藥的配合度很低，也不合作。事實上，每次看診哈爾幾乎都

不講話。他最近一次氣喘嚴重發作，是由朋友騎腳踏車送進急診處。他的醫師認為他活不了多久了，並允許我告知他的家人。哈爾和生母在我的工作室進行了一次會談。他不肯和我講話，生母覺得很丟臉、很尷尬。接下來的幾次會談，雖然我打了幾次電話，但是她都沒有來。

於是我寫了一封信給他母親：

我想和妳及所有關心哈爾的人（即使哈爾並不在乎自己的身體）見面，而不是只想參加他的 tangi（毛利語「喪禮」），站在他屍體旁邊悲傷而已。

我很擔心。如果妳不來，也請撥個電話過來，告訴我妳認為我已經盡力阻止了他的死亡。

祝好！

大衛・艾普斯頓

幾天之後，她打電話來約診。我堅持她要把哈爾更多的家族成員帶來，至少要二十個人，否則我就不加入。在這種危機當中，這個要求符合毛利族的文化。這一次會面，大家都同意「這個孩子不關心自己，所以會死」。哈爾如同往常一樣，不理會家裡進出的人。自從祖母死了以後，他一直沒上學。家人對他該住在哪裡、由誰照顧爭論不斷。後來大家同意，雖然生母不是很了解他，不過他應該和生母住在一起。每個人都很擔心她管不了他，因為祖

父母以前太溺愛他了。

　　他們決定，由一個叔叔照管他上學，幾個姑姑發現他不會為祖父母的過世傷心。他們說：「他的感情已經在心裡發酵。」他們說自己會在哈爾在場時，拿他祖父母的照片出來看，回憶老人家，咀嚼悲傷。他的生母獲准想辦法恢復身為父母的管教，有一個但書，只要有需要，她可以找任何親戚幫忙。哈爾的堂兄弟姊妹都同意，如果他不上學，就不讓他陪他們「上街」。

　　這一次會談以後，一年之內，哈爾只有一天住院。接下來的五年，每一年平均只有兩天住院。

史密斯太太【註三】

　　史密斯太太二月上旬打電話到中心，請求我們協助他們一家人。她很擔心長女貞（十五歲半）。她說貞的自我形象很差，常與母親衝突、欺負其他家人，又不上學。我們約六週以後進行會談。這個期間，我們只知道他們是雙親家庭，有兩個女兒，另一個九歲。

　　會談當天，他們沒有到。十五分鐘以後，史密斯太太打電話過來說，她感到絕望。貞不肯來，她們吵了一架。進一步追問下，我們得知，貞之所以不肯離家外出，是因為長了一臉痘痘。後來我們同意兩星期內再進行會談，貞來不來都沒有關係。然後我們寫了一封信給貞。

親愛的貞：

我寫這一封信是因為上週三下午五點我們沒有碰面。

我叫瑪麗，在萊斯利中心工作已經四年。我有一個女兒，差不多和妳一樣大。

妳母親打電話給我說妳們不會來，妳因為長痘痘而苦惱。我了解妳的感受，因為我自己有時候臉上和脖子上會長紅斑。

我連妳的長相是什樣子都不知道，要寫信給妳真不容易。如果妳寄照片給我，我也會寄照片給妳。

你們家裡顯然有些問題。這個時代，成長真不容易，我相信現在比以前更難。

聽起來妳好像有時候不喜歡上學，生活也過得不怎麼如意。不管是誰，碰到這種情形都會難過的。

下次和妳父母見面時，我想或許妳又會長痘痘。我了解在自己不是最好的狀況見人是什麼滋味，我常常這樣。

所以如果妳不想來面對自己的未來，我想我可以了解。

但是，另一方面，如果只在妳背後和妳父母討論妳，我會覺得不舒服。

考慮過這種兩難之後，我有些想法，不知道妳覺得怎麼樣：

1. 妳能不能找個朋友代替妳來，她就像是妳的律師，站在妳的立場，為妳發言？

2. 如果這個想法不好，讓妳的父母找一個他們的朋友代表妳，如何？

3. 如果這個想法也不好，那麼妳父母來這裡，妳在家裡等我們電話，如何？如果我認為妳父母已經忘記活在妳的年紀是什麼樣子，我就打電話給妳，請教妳，在妳那種情形是什麼感覺。

聽起來妳父母非常擔心妳。

如果妳願意給妳父母看這封信，也沒有問題。但是我建議不要。

我將在四月三日星期三下午五點半和妳父母會面。我想妳也許會來，也許不會，也許妳想嘗試以上的想法。我想一切都要由妳決定。

祝好！

瑪麗

後來他們全家人都來了。貞很熱烈地參與討論。我們對全家做了兩次會談，對父母做了兩次會談。

初步接觸以後一年再做追蹤，貞很按時上學，還和男朋友外出約會，遵守父母的規定。關於他們之間的衝突……他們現在都說「已經沒有那種事了」，都「很正常」。

辭退信

我（大衛・艾普斯頓）寫過很多信替很多人辭退了「父母看管者」、「父母的婚姻顧問」、「兄弟的父親」等等這類角色。以下是幾個實例：

夏綠蒂與丹尼

夏綠蒂吸食海洛因已有九年，現在希望自己能夠好好重新做她十二歲兒子丹尼的「母親」。這在她和丹尼之間造成了很大的困擾。她急著要做他的母親，他也堅持非要繼續當她的父親不可。於是我們要求她給丹尼寫一封辭退信，因為她已經不需要他的「父愛」。她在下一次會談中，才讀出來給他聽。丹尼聽到她要求他們互換角色時，掉下了眼淚。

親愛的丹尼：

我寫這封信給你，是要謝謝你這八年來做的事情，包括在我生病時照顧我和你妹妹。現在想起來，儘管我一直很自私，你卻從來不埋怨。每次我失敗了，你就變成母親、父親、家庭主婦、廚師、洗衣婦。

為了讓我們活下去，你犧牲了你的童年。

我懦弱的時候，你很堅強。你這麼小就要學習面對悲傷與痛苦，而我學到的卻是扼殺與埋葬你的童年。

你做的事非常了不起，這許多年來，是你在幫助我，

卻不求回報。你面對我，讓我看清並質疑自己對我們所做
的。

　　我生病時，你照顧我；我灰心時，你鼓勵我。你從來
不放棄職守。我看不清方向，你就來帶路。

　　但是現在我痊癒了，為了要感謝你為我做的一切，只
有一個方法，那就是讓我擔負起你以前為我擔負的角色。

　　感謝你做我的顧問。如果我以最高敬意解除你多年來
的職務，請你要快樂地接受。

瑪麗與湯姆

　　瑪麗（二十四歲）和弟弟湯姆（十六歲）兩人陷在一
場權力鬥爭當中。瑪麗覺得自己應該對湯姆有權威，湯姆
卻覺得只有他對自己有權威。我們第二次會談做的就是協
助湯姆寫辭退信。

　　我，湯姆‧瓊斯，將我的姊姊瑪麗解雇，讓她不再做
我的母親。我還小的時候，這或許有必要，但是現在不一
樣了。我現在知道妳一直關心我的前途。妳的關心已經很
久了，所以妳覺得必須為我負責，妳沒管教我，就覺得內
疚。我小時候需要照顧，所以妳扮演了這樣的角色。妳真
的善盡職責，但是妳現在應該退後一步，讓我學習獨立。
我不想繼續做妳的傀儡，我們兩人都必須切斷一些過去的
習慣。

我已經決定反對暴力。母親同意如果我再打妳，她就要指控我「攻擊」。除非習慣姊弟平等，否則我們還是會吵架，每個人都想贏。現在我建議我們暫時把這些爭議放在一邊，這樣我們才會習慣一半時間贏，一半時間輸，也才會平等。我現在不需要證明妳不比我優越，我不比妳差。我們是平等的；因為平等，我們才有機會成為姊弟，而不是「母子」。

　　我感謝妳小時候為我做的一切。妳對我的照顧可以讓妳練習成為優秀的護士。

簽名：＿＿＿＿＿＿＿＿＿

日期：一九八六年＿＿＿＿＿月＿＿＿＿＿日

見證人（母親）：＿＿＿＿＿＿＿＿＿

　　瑪麗考慮以後，決定要辭職。

　　我，瑪麗‧瓊斯，多年來在我弟弟需要時，一直照顧他。現在他長大了，需要我少管他一點，只是我仍然擔心他。我相信，由於他對我的暴力，他更需要我的管教。我差點把姊弟之情變成一種束縛。我弟弟希望我不要再像母親一樣，要我切斷過去的那些習慣，因為他不願做我的傀儡，要我給他機會自己站起來。他和母親都說，畢業考有沒有過是他的事，不是我的問題。母親和他向我保證他一定可以照顧自己，創造自己的前程。

母親和他都要求我為自己想就好，不要為別人。他們不希望我變成無私、盡責的女兒。母親雖然沒有獨立生活過，卻建議我走自己的道路，免得蹉跎人生。

　　就算當個負責任的奴隸，依然是個奴隸，不管你怎麼想。

　　我知道要從這種角色退出並不容易，因為我一輩子都在扮演這種角色。

　　以後的四個月內，我將慢慢退出。我知道這期間將會在責任與完整的自己之間猶疑徘徊。責任一拉扯我，我就會認為這個「完整的自己」是自私的，然後覺得有罪惡感。大衛・艾普斯頓建議我不要和它正面衝突，而是從旁觀察它的方式。他建議我不要開戰，但是展開偵查搜集訊息。現在我只能贏不能輸。

　　我知道大衛・艾普斯頓全然相信我已經做了所有好父母都會做的事，現在該是讓湯姆畢業的時候了。我也知道大衛・艾普斯頓希望這封信能夠對我造成衝擊，讀前面那一封信時或許還不可能如此。我懷疑他認為我下意識裡以選擇接受護理訓練來延續關愛別人的生活方式，我已經超越那些不像我有多年訓練的同事非常多了。

　　退出之後，我弟弟和我將會有機會建立姊弟關係。但是要怎麼進行，目前還言之過早。我必須謹慎，因為他會試著從我做他的母親當中得到好處，卻又不願我成為他的母親。

簽名：＿＿＿＿＿＿＿＿＿＿

日期：一九八六年＿＿＿月＿＿＿日

見證人（母親）：＿＿＿＿＿＿＿＿＿＿

一年後，我和瑪麗再次碰面。我們討論到這兩封信，她告訴我最近發生的事：

有一次我坐在海邊，拿出這封信（她的辭職信）來看。一讀之下，我不哭了。之前我得知他又失去工作，我傷害自己、在浴室裡用頭撞牆，因為悲傷、因為不知道如何是好……我讓自己很痛苦。媽媽和妹妹說她們要痛罵他一頓。母親已經在胃痛了。我走到海邊坐了很久，然後拿出那封信來看，才發現自己竟然覺得要為此負責。真的很荒謬……那其實只是我的反應。我不哭了，因為我已經感覺比較舒坦。我繼續看信上到底說了什麼？我不需要為湯姆負責。這封信已經完成它的目的，我可以把它從心裡放下，然後忘記。

預測信

我（大衛·艾普斯頓）在治療結束時，常常請來訪者【註四】允許我預測他的生活、關係或家庭的未來。我常以六個月為時間架構，這個時間架構是「不久的將來」。我在信中寫下「預測」、封緘，然後標上「私人祕密信

件」，並且標明「請於〇〇時（六個月之內的某一天）拆
閱」。我有兩個意圖：

1. 這種預測提出了為期六個月的追蹤／檢查，我認為這對
   個人／家庭與治療師都是很有意思的練習。
2. 因為我想大部分人都不會等時間到了才拆閱，所以我估
   計信中的預測會產生「預言」作用，後來也許真的會實
   現。

愛麗絲

　　十六歲的愛麗絲被母親送來我這裡，因為她不願工
作，又和飆車族一起犯罪，身上的刺青越來越多。

　　她在學校的功課一直不好，而且「很笨」。後來上特
殊學校，在那裡學到了「街頭智慧」，找到自我感。我們
總共會談五次，她很認真地談自己，最後決定回去上夜
校。她母親因此不再那麼擔心她，讓注意力再次回到自己
的生活上。以下是我寫給愛麗絲的預測信：

　　以下是對愛麗絲‧布朗不久的未來的預測。她可以從
今年（一九八八年）六月十五日算起六個月內或之後的任
何一天，閱讀這封預測信的內容。

　　我的預測如下：愛麗絲在未來的六個月會繼續朝向目
前的新方向。她會越來越不願意假裝自己不夠聰明，越來

越接受自己的聰明，因而接受自己。在某個程度上，這幾年來她一再遵循一些無益的老師所說的謊言生活，但是真相已經顯現。她會在許多地方發現，關於她自己和能力的真相，要比人家告訴她的謊言值得信任。她這種體驗很有說服力。到達這種狀態之前，會經歷過渡期，像是醜小鴨變天鵝一般。生活中會有些人要她保持以前的生活方式。她和這些人之間也許會發生爭執。一旦掙脫陰影，她在生活中會有堅強的表現，不再依賴他人。她將能夠欣賞自己，不再需要依賴他人的肯定。她將能為自己的成就感到自豪，也同時能欣賞他人的成就。在這六個月即將結束時，她就會放棄「自己很笨」的想法，放棄長久以來感受到的不公不義。

我，大衛·艾普斯頓，一九八七年十二月十五日在紐西蘭奧克蘭市所做的預言。

簽名：大衛·艾普斯頓

轉介回信

雷尼

十二歲的雷尼由他的家庭醫師轉介，醫師寫了一頁的轉介信，他母親則寫了九頁的信給我。他母親一直覺得他「很會煩惱，好像他祖母一樣」。六個月之前，他讀了一本宣導愛滋病的小冊子以後，開始認為自己長青春痘是種

惡兆，漸漸不再和人交往，不和朋友一起去運動，對以前喜歡的東西失去了興趣，沒有胃口，不要父母買衣服給他，一直要求他們把錢省下來做為他的喪葬費。每個人都想幫忙，都想講道理給他聽，但都沒有任何效果。

我們會談過一次之後，他很勇敢地找他的家庭醫生驗血，也相信驗血的結果——陰性反應。他以前絕對不肯透過驗血來釐清問題，因為他認為沒有人會告訴他壞消息。

一個月以後，大家都認為他已經「變了一個人」，唯獨他自己不以為然。他不這麼樂觀，只承認自己的確已經「振奮」起來。在隔次的會談當中，我們為他要申請加入澳洲降魔收驚協會（Monster-Tamers and Fear-Catching Association of Australia），而對他的恢復勇氣一起寫了一封信：

親愛的布朗醫師：
轉：雷尼，十二歲
　　我和雷尼及他的家人已經會談三次：一九八八年十二月三日、一九八八年十二月二十一日以及一九八九年二月二日，以下是我們的摘要報告：
　　雷尼開始相信自己，不再相信那些恐懼。他現在已經再不是受恐懼驅使的人，而能將恐懼趕出生活之外。珊德拉（他母親）說：「他對自己生活不再有六個月之前的那種憂慮。」她還說：「以前父母親常說他是個非常棒的

人，現在他已經證明自己的確是這樣的人。」他對這句話的回答是：「我比以前更棒。」他已經有過幾次勇敢的勝利，包括晚上單獨上廁所，轉到新的學校第一天就交了新朋友，還有克服恐懼去衝浪等等。我們都認為他已經恢復勇氣，所以我提名他加入澳洲降魔收驚協會。如果申請通過的話，他就可以幫助其他飽受恐懼困擾的小朋友。每個人都同意幸福已經重回詹姆斯的家，挫折和擔憂已經一掃而空。雷尼自己說，他克服恐懼主要的技巧就是「面對恐懼，不要逃避」。令他驚訝的是，這麼做之後，恐懼就離開他。

非常感謝你把這位優秀的青年轉介過來。和他及他的家人會面真是愉快。

祝好！

大衛·艾普斯頓

副本：詹姆斯家人

推薦信

山姆和蘇珊

山姆和蘇珊育有一對雙胞胎艾琳和李察，今年十二歲。他們來找我（大衛·艾普斯頓）諮詢，是因為擔心李察沒有艾琳那麼熱愛生活。艾琳很投入，常常有社交生活，李察卻只有兩、三個朋友，而且總是在他的臥房聚

會。他們現在已經把他的臥房變成了工程實驗室,整天在那裡討論,有時計畫發明,有時候則做模型。他很欣賞姊姊艾琳的社交能力,但是他自己只想研究工程,也想在上大學時唸工程。

　　山姆和蘇珊都很欣賞艾琳的社交能力。我們後來發現,他們兩人都曾經有過自己口中「孤獨而不快樂的童年」。他們在很多方面都很有成就,卻仍覺得自己一事無成。在我的觀察中,他們的關心不只是補償彼此匱乏的童年而已。我說出他們建構的關係(而不是他們的原生家庭)是這麼一回事時,他們都嚇了一跳。李察根本不認為自己「孤獨而不快樂」,也沒有重複父母童年的經驗。他乘機說:「只有精神科醫師給他們寫一封信,他們才會相信我。」我問他:「李察,你認為我寫一封信就夠了嗎?」艾琳和李察都認為可以。經過進一步討論以後,我們都同意寫一封「推薦信」:

敬啟者:

　　山姆和蘇珊‧馬丁在筆者的眼中是很好、很關心孩子的父母。他們在下列各方面令人印象深刻:

1. 他們和很多父母不同。他們鼓勵孩子有自己的看法、發展自己的人生方向,並且尊重彼此的才能與傾向。他們建立的家庭使孩子得到欣賞,並且也使孩子能夠因此欣賞自己。艾琳和李察已經開始掌握自己,知道自己能做

什麼。

2. 對於兩位雙胞胎姊弟，山姆和蘇珊設法使他們各自發展，讓他們欣賞彼此的差異，不羨慕，不忌妒。艾琳發展了自己的社交技巧，李察則很有建設性和想像力。

3. 他們對孩子的教養，使孩子遭遇問題時是面對而非退縮。我發現李察和艾琳都是很有創造力的問題解決者。

4. 有時艾琳和李察會爭吵得很厲害，然後他們會要求父母調解。我認為這沒有必要，因而建議雙胞胎可以自己想辦法解決，山姆和蘇珊以後可以拒絕孩子這種要求。

　　他們是很關心孩子的父母，很希望孩子擁有他們童年時所匱乏的。據我所知，他們事業成功，面對童年的不幸，他們已經做得很好。他們只需要了解自己無需成為完美的父母，艾琳和李察就比較能夠接受自己的缺點。無論如何，沒有人是完美的，人也不需要完美。

　　和這對見聞廣博、細心、關心孩子的父母會談，討論為人父母之道，真是愉快。如果每個小孩都能有這樣的父母，很多和童年、青春期相關的「疾病」就不會存在了。

　　祝好！

大衛・艾普斯頓

　　P.S. 這一封推薦信函有效期至一九八七年九月二十二日（為期一年）為止。如需要，到期後可以更新。

　　後來山姆和蘇珊並沒有要求更新。

福瑞迪

我（麥克・懷特）第一眼看到福瑞迪的時候，就知道他很頑皮。他和家人一走進來，帶著鬼靈精怪的笑容，眼睛轉來轉去到處瞄。即使坐著都保持警戒，好像隨時可以行動一般。

他母親珍已經技窮，完全無法管教福瑞迪。他常惹麻煩：打破別人的車窗偷香煙，快要被學校開除；恐嚇鄰居，弄得別人不得不搬家；最近又被逮到販毒，完全不和家人合作。他只有十歲，為什麼會這樣？怎麼辦？

我問他們家人他的頑皮對他們的生活和關係有什麼影響，再問他們自己對他的「頑皮」的影響。他們雖然都同意福瑞迪一天到晚在搞怪，可是他也曾經有幾次可以克制自己。這個事實吸引了福瑞迪的注意，他想擴大這種影響力。他計畫「斧底抽薪」。家人也對這個想法很有興趣，於是大家開始討論，計畫恢復正常的生活與關係。

再次回到會談室時，我對福瑞迪成功克服頑皮後的轉變之大很是吃驚。那時大衛・艾普斯頓恰好在我這裡，也嚇了一跳。其他人對於福瑞迪能夠成功逃離頑皮的消息，有著什麼樣的反應？我們發現，凡是目睹這種轉變的人都非常驚訝。有些人難以置信，還是把他當以前那個人看待。當福瑞迪唱作俱佳地描述了他如何成功克服頑皮的細節之後，大衛和我談到如何幫助福瑞迪向不相信他的人介紹他的新形象，鼓勵他們重新看待福瑞迪。大衛提議說

「致所有關心的人」信函可能有效。福瑞迪很贊同這個想法，他影印了二十份寄給他選出來的人。

敬啟者：

　　各位都知道，福瑞迪有一陣子一直常常惡作劇。他的惡作劇有下列幾樣：

(a) 不聽話、不合作。

(b) 偷竊。

(c) 抽煙。

(d) 說謊。

(e) 恐嚇鄰居。

(f) 不專心。

(g) 不做功課。

　　我們七月二十二日會談，一週以後再次會談時，福瑞迪決定放棄自己惡作劇的生活方式。我必須承認自己在聽到他這麼說時，感到很驚訝，相信你們一定也一樣。所以我仔細地問了他、他的母親、他的兄弟，了解是否有什麼證據可以支持他所描述的轉變。我發現他：

(a) 改變了自己的感受方式，因而對別人比較敏感，特別是他發現自己有照顧別人的能力。

(b) 已經戒煙。

(c) 不再偷竊。

(d) 不再恐嚇鄰居。

(e) 願意與人合作。

(f) 不再說謊。

(g) 以良好的態度看待學校作業。

　　當然，現在說他從頑皮的生活方式完全康復還言之過早，但是我給他和他的家人以下的建議：

1. 雖然福瑞迪的朋友或敵人都難以相信他的改變，還是把他當以前那個人看待，但他已經開始追求新的方向。

2. 他母親和兄弟一直持續注意他朝這個方向努力的證據。

3. 福瑞迪應該把這封信寄給在他的生活當中很重要的人，讓他們不再驚訝他的改變，不再認為他繼續過著以前的生活。

　　當然，我不能保證他的新生活會一直持續下去。這取決於他自己。

　　祝好！

麥克・懷特

　　幾個月之後，有一天我和我女兒潘妮去溜冰場溜直排輪。我一直溜不好，很沮喪，坐在場邊休息。突然一個人從我身邊近距離地衝過去，把我嚇了一跳。我還沒有恢復鎮靜，他又滑了過來，這次他拍了我一下。那一天在溜冰場上，我是最老的一個，一般的遊客都二十歲以下，所以我很醒目。第三次我已經準備好了，他一過來，我就去抓他，結果差一點翻倒，他把我扶起來，盯著我看，然後

說：「是我，頑皮！」我這才認出來他來，喊說：「福瑞迪！」

我們聊得很開心。他說他剛剛只是要「作弄我」，假裝搗蛋。我心裡想，感謝老天，我碰到的不是真實情況！後來他的父母證實他已經不再一天到晚惹麻煩。現在回想起來，這一次無意間碰面真是奇妙，只希望下一次他可以考慮我的年紀！

特殊場合的信件

雷

十一個月以前，我（大衛・艾普斯頓）認識了十五歲的雷。他經歷一場車禍。這場車禍奪走了他敬愛的兩個哥哥布萊恩（十九歲）和凱瑞（十七歲）的生命。他的家人住在鄉下，他自己則在奧克蘭的一間中學上學，和以前的鄰居同住，他們情同家人。兩個哥哥的墳墓完成時，雷越來越消沉。他城裡的家人和鄉下的家人都非常關心，就向他們的家庭醫師求助。於是家庭醫師把他轉介過來。以下的信說明了我們第一次會面的情形：

親愛的雷：

你摯愛的兩個哥哥凱瑞與布萊恩過世，一定讓你十分震驚、哀傷。也難怪最近你才從震驚當中恢復過來，開始

經驗悲傷。這一點你不用擔心，因為兩位哥哥過世，你當然會哀傷又憤怒。但是，請你記住一項悲傷法則：「外面哭，心裡就不哭了；只在內心流淚，會溺死你的力量。」我能想像你會想哭，你現在也知道那是正常的。如果你不想哭，那可能表示你的哥哥對你而言沒有什麼。但我知道事實並非如此。需要平靜下來時，你有很多人可以依靠：你的母親、布萊爾太太、安琪拉、夏恩等等。他們每一個人都有幫助你的方法：你母親和布萊爾太太「帶著愛和你談話」，安琪拉懂得「替你打氣」，夏恩和你「聊大家（包括凱瑞和布萊恩）以前在一起常做的事。」

現在你已經從震驚中恢復過來，也許準備好要思考怎樣好好記住你兩位哥哥。我還記得你告訴我說，布萊恩希望你堅強起來，因為堅強會使你幸福。我想像布萊恩指的是人格的堅強，不是身體的堅強。他很有愛心，尤其很愛護你，也許是因為你是最小的弟弟，而他是很有責任感的大哥。就像你說的，「他為大家豎立了榜樣」。他又是很優秀的運動員，板球和橄欖球都很行。然而，純粹做個「大哥」，或許已經是他短暫一生最大的成就。凱瑞也有多優點。他教你喜歡自己，好好努力。教你喜歡自己或許是他短暫的一生最大的成就。你說你「可以照他們會高興的方式繼續成長」，藉此紀念他們。雷，我想這對你應該不會很難。

距離你兄弟的葬禮還有一個月。這是一個特別的時

刻，讓我們放下悲痛與哀傷，也讓我們思考如何才能好好紀念他們。我建議這個月之內我們見一次面，好好談談。

雷，我希望你了解，雖然你的生命遭受到這麼大的失落，讓我驚訝的是，你這個年輕人幾乎已經做到你兩位哥哥期望的一切。

最大的祝福！

大衛・艾普斯頓

我們見面時，雷承認自己對即將到來的葬禮很不安。除此之外，他告訴我說：「我知道自己已經好一些了……以前我認為會一直這樣下去……現在我覺得自己很堅強……我已經不再這麼苦惱……完全不苦惱……只有一次。」我們同意由我為他準備一封信，讓他在葬禮上讀出來，這將會使他安心：

親愛的雷：

這是你想在復活節的葬禮上「讀」給布萊恩和凱瑞聽的信。你想向自己和他們保證你會一直記住他們。

親愛的兩位哥哥：

我會一直記住你們，方式就是達成你們對我的期望。打板球的時候，我非常努力，也很喜歡。我把你們的「布萊恩暨凱瑞紀念獎盃」獻給了學校，而且，我最近和馬修贏得了雙人賽，所以我們的名字已經和

你們並列在一起。雖然不被看好，可是我們將晉級排名第五或第六。布萊恩，我和你一樣，在二年級就成為奧克蘭代表隊，都是打擊主力。我要你知道板球既是我的成就，也是我的喜好。這也是你希望的。到目前為止，我知道你會為我感到高興。我還會告訴你我在課業上的好成績。雖然爸媽已經分開，但是我和他們的關係很親密。他們還是好朋友。因為我一直想念著你們，所以我的成長超過了這個階段應有的發展。我要你們知道我一直都是你們的朋友。我也知道，如果我交了自己的朋友，你們不會介意。我知道你們希望我常常和女孩子出去玩，也能夠遇到對待我像我對待她自己一樣好的女孩。凱瑞，我會聽從你的忠告：「不要傷害她的感情」、「不要厚臉皮」、「不要惹麻煩」、「不要勉強做自己不想做的事」。

我會繼續升學，希望日後做一些需要專業能力的工作，譬如會計。我的會計很好，事實上，那是我去年成績最好的一科。我知道你們會很高興我努力完成你們的期待來紀念你們。這並不代表我不會想念你們。有時候我心裡充滿了難過和悲傷，因為我非常想念你們。

雷，我很高興聽到你說你已經好一些了。我知道你的情緒不會一直這樣下去，也知道這會使你更加堅強。因為這樣，你的苦惱不會超出你可以了解的程度。

　　後來雷打電話說葬禮使他安心不少。他覺得很好，已經不需要「平靜下來」。他母親和布萊爾太太都同意雷的描述。

茱麗

　　二十六歲的茱麗離開先生不久以後，就受到他酗酒後的強暴、毆打以及要殺害她的威脅。她提出控告、要求賠償、設法讓自己安全。但是，她發現所有的親友都對她「施加壓力」，她覺得自己快要瘋了。大部分忠告都是不請自來且相互矛盾的，像是：「妳必須給他機會」與「必須讓他去坐牢」。最糟的是，她覺得自己再也無法忍受這種混亂。

　　經過她的同意，我寫了這封致相關者的信：

敬啟者：

　　茱麗現在遭受生命的威脅、身體的攻擊和強暴。人們在身體和心靈受到這種屈辱後，產生的症狀叫做「創傷後壓力症候群」（post traumatic stress disorder）。這和很多士兵受傷以後的經驗一樣。當時的痛苦雖然已經終止，傷痛本身卻未消失。暴力行為的受害者，即使瘀血消失、傷口結疤，痛苦還是會持續很久。他們內心很痛苦，尤其是

在晚上，那種暴力攻擊總是會出現在惡夢之中。白天，他們會充滿恐懼，很難不去想這些事。他們心裡會一次又一次地經歷毆打和強暴。

對各位而言，茱麗也許還是以前的茱麗。不幸的是，她並不是。就算問她，她都很難說出每天，尤其是晚上所經歷的痛苦與恐怖。你會發現她常常不知道在想什麼，好像沒有和你在一起。我相信現在各位已經能夠了解。然而，各位或許會認為自己應該給她建議、為她做決定。我呼籲各位重新思考。要幫助她，最好的方法就是不要決定或強迫她做一些她沒有時間、沒力氣充分思考的事情，因而造成她的壓力。已經有太多人在強迫她違背自己的意志。現在的她非常脆弱，沒辦法反抗別人強加在她身上的意見。

如果你想幫助她，就給她時間和空間，讓她痊癒，讓她的心不再恐懼，晚上不再做惡夢。如果你覺得非給她建議不可，請先得到她的允許。她已經受盡折磨，請讓她掌管自己的生活。你能做的，就是問她怎樣幫助她，不要自己決定。請幫助她重新掌握自己的生活，重新掌握沒有恐懼和惡夢的生活。

大家都知道，受害者週遭的人對待暴力和強暴受害者時的反應，會在他們痊癒的過程中，扮演重要的角色。

謝謝各位「聽」這一封信。

的女兒）邀請你為她解釋？你認為這對她邀請自己為自己解釋會帶來什麼影響？你覺得這能幫助她更講道理嗎？

海麗葉，妳為什麼拒絕海倫邀請妳讓她可以依賴妳？妳認為這對她邀請自己依靠自己會帶來什麼影響？妳覺得這能夠幫助她照顧自己嗎？

這種脆弱減輕以後，對於海倫想要獨立的期待，反映出哪些你們所重視的價值？又，上次會面之後，你們有什麼想法嗎？

麥克‧懷特

親愛的丹尼（他剛掙脫長期的食慾不振）：

你離開之後，我發現自己很渴望知道你到底是怎麼做到的？你有先做訓練嗎？

開始寫這一封信以後，我更想知道了。事實上我想知道，不，是非常想知道。如果你想到有什麼事是我可以告訴你的，也許會記得下次會面時告訴我。這會對我很有幫助。

麥克‧懷特

親愛的雋恩和彼德：

我剛剛和一對夫婦見面，想起你們。事實上我向他們提出的問話和問你們的一樣。希望你們不介意我問這個問題：關於你們的身體親密關係，你們覺得有哪一方面和

《海蒂報告》（*Hite Report*）不一樣？你們敢不敢承認？

　　這一對夫妻說他們不知道答案。他們要求我給一些建議。但是我說我不知道他們會有什麼答案。你們知道自己的答案嗎？如果知道，你們能接受嗎？

麥克·懷特

治療師需要幫助

　　當來訪者的生活與關係的發展，和治療師的信念出現牴觸時，治療師會不知如何是好。這時候尋求協助是很合理的。

　　以下幾封信說明了治療師對來訪者的生活與關係事件資訊的邀請，其中明言自己希望趕上尋求治療的人的發展，好在治療中有個立足點。

親愛的艾德絲、特拉維斯、達倫、珍妮絲：

　　聽我說，我不相信我已經完全了解你們要採取什麼步驟讓關係脫離爭吵。我覺得自己已經落後，希望你們能夠幫助我趕上你們。

　　爭吵使你們每個人都只能坐在乘客座位上。厭煩消蝕了你們的關係。但是現在你們開始坐上駕駛座，對著風景明亮的公路開去。這其中變化的機制，如果你們能夠告訴我一點，我將非常感激。

　　謝謝。

麥克・懷特

親愛的葛瑞絲與艾倫：

　　由於這次衝突的影響，我自己在某個程度上盲目了，最近的幾個事件讓我失去了平衡。

　　你們的關係是這次衝突的受害者，可是你們現在已經不再任由它擺佈。以前它讓你們重蹈覆轍，一次次陷入過去的模式當中。但是現在你們已經開始主導、開始冒險。這很適合你們的關係。

　　你們是否已經準備檢視這次關係的轉變，告訴我一些細節，幫助我走出這次籠罩在治療上的衝突陰影？

　　祝好！

麥克・懷特

缺席

　　有時候，家人最關心的成員反而並未參與治療。這時候治療師不一定要和他接觸，因為其他家庭成員或許就可以探索出方法，不和令問題存在的必要條件合作，因而消除問題。

　　然而，有時候這些缺席的成員會發現問題已經對他們的生活造成高度影響，使他們產生個人失敗感。這時候，寫信促請他們依照「特殊意義經驗」實行意義就很有幫助。

親愛的蓋瑞（蓋瑞已經解除選擇性緘默和拒學症狀）：

　　今天我和你媽媽還有簡金斯太太碰面了。他們告訴我你已經和不安全感分道揚鑣。我沒想到會這麼快，所以我想我最好確認以下各點：

1. 你真的已經交了三個新朋友嗎？

2. 你現在真的比較快樂了嗎？

3. 你現在對事情都可以有自己的主張，不需要別人替你思考嗎？

4. 你現在已經能夠自主地和別人交談，不需要別人為你說話嗎？

　　如果答案都是肯定的話，你的祕訣是什麼？

　　我說過我覺得不安全感或許會再度壓過你，但是你媽媽和簡金斯太太都說，如果真是這樣，你一定會反抗。你自己覺得呢？

　　我知道這些問話很難回答，如果可以的話，回答其中任何一個都可以：你是否樂意告訴你媽媽，然後由她再轉告我？你是否願意自己告訴我？還是你想保留答案？

　　不久後再見。

　　　　　　　　　　　　　　　　　麥克・懷特

親愛的葛蘭姆：

　　你知道我已經和喬艾絲見過幾次面。她告訴我這麼久以來，她一直很擔心你。我想你應該知道才對。

第二次會談的時候，我知道了一些原先預想不到的事情。現在我很想多知道一些。有幾件事和你的生活有關，於是我告訴喬艾絲我想寫信給你。

她認為你不會介意。

我了解你很責怪自己對她的依賴。她相信這種依賴有時候使你很痛苦，因為她有自己的生活、自己的朋友。你雖然也採取行動避免依賴她，以免她窒息，但是一直到最近，這種依賴依舊在你的生活當中出沒。

但是我剛剛所說「預想不到」的事情卻告訴我，你已經採取行動擺脫依賴。你似乎不再戀棧過去，用直接的生活取代了間接的生活。我相信喬艾絲會很樂意仔細告訴你我們所說的意外發展。

我想知道是什麼幫助你擺脫依賴的習慣。我想知道你自己是否了解這對你的未來會有什麼意義。我想知道這對你的自我形象會有什麼影響。如果你準備要思考這些問題，是否願意告訴喬艾絲？這樣我就會更了解這些發展。

祝好！

麥克·懷特

徵召觀眾

新故事的實行如果有觀眾，新故事的存在就會更加深刻，也會更加發展。這有兩個面向：第一，因為觀眾目睹故事的實行，促成了新意義的寫作，這又會對觀眾與故事

主體的互動產生真實的影響。第二，故事主體讀到觀眾對新故事的體驗以後，也許是透過思考這些體驗，也許是直接發現，會開始修改和拓展這個新故事。

治療師的信通常都代表一群觀眾。除此之外，治療師的信也會鼓勵人們徵召更多觀眾體驗新故事的實行，同時邀請也經驗觀眾對新意義的體驗。

親愛的希拉蕊：

上次會談以後，我對妳不再為每一個人負責的做法，有些新的想法

我不知道妳的親友對這件事有什麼反應。妳不願再讓別人把妳視為理所當然，他們會熱誠地接受呢，還是認為一切照舊？

我猜想有的人會很難接受妳的拒絕，習慣性地想繼續依賴妳。這種邀請，有時候很難抵抗。

如果這是一個遙遠的可能，那麼對別人、對妳都可能有幫助的會是：公開宣布辭職。妳對出版界有一點了解，我想妳應該懂得怎麼進行適當的「記者招待會」。

妳覺得這個想法如何？妳認為記者會的聽眾裡面，哪一個會受益最多？妳認為要請他們來，最好的方法是什麼？

祝好！

麥克・懷特

此。

　　然而，我們會談時卻發現，你們的生活其實只有百分之八十五受到衝突的控制，並沒有完全受它擺佈。你們有些想法，想要擴大你們的影響力；也有些計畫，希望最終能夠恢復正常的生活。

　　自從我們會談以後，你們認為自己已經把衝突對關係的影響削弱到什麼程度？要你們判斷這一點或許不容易。衝突會使人盲目，使你們無法辨識微小但卻意義重大的改變。某些極端的想法，譬如認為我們可以立即扭轉自己的生活與關係、不再發生衝突，也使人看不到自己的轉變。

　　下一次「逃脫衝突」的會談，你們或許可以評估一下，在你們的生活和關係中，衝突已經解除到什麼程度。不要忘了，你們已經有百分之二十五。

　　祝好！

　　　　　　　　　　　　　　　　　麥克・懷特

尋找歷史

　　將「特殊意義經驗」的歷史寫出來，往往能幫助人們尋找並接納自己獨特的奮鬥故事，在建構其生活與關係的「一體」知識之外，找到不同的知識。這種不同的知識，能夠幫助人反抗一體知識的牽制，按照包含了生活經驗重大面向的知識來重新建構生活與關係。

　　若要鼓勵人尋找自己獨特的奮鬥史，尋找獨特的知

識，信件可以扮演重要的角色。

親愛的譚咪與魏斯：

你們留給我一些重要的問話。或者應該說，你們離去之後，我想到了一些重要的問話。這是會談之後很常見的。

在你們現在想帶進親密關係與親職的智慧當中，這種智慧有著什麼樣的歷史？我覺得你們似乎是把「過去」的一些東西帶出來。

這種智慧是否有其淵源？如果有的話，你們是否有特別去回憶，使這種獨特的知識復活？你們是如何恢復這些記憶的？

最後一個問話：我們上次會談之後，是否有人提供了你們什麼有意思的想法，幫助你們帶出這種傳統？

我期望再度趕上你們。

麥克・懷特

親愛的珍妮：

我想我們現在正在妳的自我放棄史中目睹一次令人鼓舞的狀況。最近的一次會談，我們都在嘗試了解這令人鼓舞的情況到底是怎麼一回事，結果所有的證據都顯示妳的生活正在從自我抹滅轉變為自我接納。

妳提供的資訊為我釐清了一個問題，那就是，這種狀

況有一個開路的先鋒，以前也有人活過妳這樣的歷史。

　　因為這一點的啟發，我有一些問話想要提出來。

1. 什麼樣的奮鬥史使妳能創造出這次令人鼓舞的事件？
2. 妳能不能找出過去的先行者在生活上相同的奮鬥軌跡？
3. 這種狀況又要如何評估？

　　如果妳對這些問話有興趣，我會很想聽到妳的答案。

　　下次見！

麥克・懷特

向權力技術挑戰

　　許多人發現信件可以鼓勵他們下定決心，挑戰或反抗生活與關係中運作的權力技術。

　　這種情況通常都發生在人感受到的問題是：

1. 屈服在別人行使的某一特定權力技術之下，以及／或者；
2. 做為權力的載具或工具，共同參與了對別人的壓制，以及／或者；
3. 屈服於「自我檢查」技術，也就是人成為權力的工具而壓制自己。

　　以下的幾封信是幾個實例，顯示我們如何運用信件幫助人反抗權力技術。

親愛的賈克：

　　上次我們討論到，要讓你的問題繼續存在所需要的必要條件。我們發現那似乎是因為你和別人一起應用某種技術責怪別人。

　　所以你決定不再充當問題的工具。你想反擊，從自己生活中開除這些技術。

　　有一次和同事見面的時候，我提到你的決定。他們都很想知道這會對別人看待你的態度有什麼影響。所以我們決定問你我們討論到的幾個問話：

1. 你認為你的反擊對別人心目中關於你這個人的形象會帶來什麼影響？
2. 反過來，這一點又如何幫助你發掘自己、欣賞自己？

　　我期待看到你的答案。

麥克‧懷特

親愛的蘇：

　　暴食症對妳的要求很高而且代價高昂；它在妳身上運作，又要妳排斥自己。它要妳一直貶低自己和自己的身體，又要妳溫順。

　　但是，除了接受訓練，妳還準備公開自己的暴食症，讓朋友了解妳對這種疾病的體驗，從而重新擁有自己的生活。這真是一場冒險，但妳成功了！

　　上次妳離開以後，我想到一些問話。所以我決定寫信

給妳，希望妳不會介意。請不要勉強回答這些問話，也不要感覺自己有什麼義務必須回應。

1. 妳認為朋友對妳這個人的肯定中，有哪些是與暴食症習慣不相容的？

2. 這一點使妳對自己產生什麼新的了解？

3. 妳對身為一個女性這件事，又有什麼新的領悟？

4. 此種關於女性的知識，何支持妳脫離那些跟女性有關的縱容暴食症肆虐的觀念？

　　我知道妳相信自己已經準備公開祕密，進一步反擊暴食症。妳已經有很大的進步！祝妳幸運！

　　我期待下一次見面有妳的好消息。

麥克・懷特

向人格與關係的區隔化挑戰

　　支持人們挑戰人格與關係的主流「真理」的信件，通常很有療效。這種「真理」是「一體、全面性知識」所指定的真理，通常和對人或／以及關係的壓制畫上等號。

　　這些信件鼓勵人們按照自己或關係的標準與期待實行意義，這是他們自己能夠欣賞、但卻不符合一體知識（簡言之就是規範）的面向。人們在這個過程中積極投入、重新描繪自己的生活，為自己的人格與關係建立不同的知識。

親愛的瑞克斯：

　　上次家庭會談的時候，我們發現你很沮喪，認為自己已經不是理性的人。我們也清楚地看見，這份沮喪之所以存在，依靠的是你的失敗感。

　　我們後來討論到你自認無法達成的期待，發現那些期待對你的生活造成破壞。然後你說你老是覺得被那些期待耍得團團轉。你父母認為也許就是這種期待造就了你的沮喪。

　　然而，在討論你對這個沮喪本身的影響時，卻發現你其實能夠欣賞自己「一個半」的人格特質，只是這一個半人格特質並不符合那些期待。

　　這引起了大家的興趣。我們很好奇這對你個人意味著什麼？這當然告訴我們你不必為那些期待而活。也使我們產生了以下的幾個疑問：

1. 如果不理會這些期待而進一步欣賞自己，你會有什麼發現？

2. 你能夠採取什麼策略向這些期待證明，你不想把生命虛耗在它們身上？

3. 這些策略會在你消除沮喪時，產生什麼樣的影響？

　　我們還有別的疑問，但是你說一次只回答三個問題。我想你對這一點的堅持正好也說明了你對這些期待的反抗。

　　我期待下次的會面。

祝好！

麥克·懷特

親愛的雪麗與肯恩：

　　經過你們的同意，我現在寫信告訴你們我對最近這次會談的看法。

　　這次會談，你們兩位以不同的方式，和我分享了你們對關係的結論。你們都認為還沒有找到合理關係的樣貌。

　　我們討論到你們在關係上一直想要套用的公式，結果有兩個是很明顯的：

(a) 這是一個特別現代的公式，甚至是未來的公式。

(b) 你們差一點就完全照這個公式塑造關係。

　　然而，我們卻發現你們的關係並沒有完全屈從於這個現代公式。譬如說，你們雖然沒有同時達到高潮，卻不覺得灰心、遺憾，感覺那次不算。反而很喜歡你們的親密關係裡不符合這個公式的面向。接著我們又發現了你們自己很能夠欣賞，但又和這個公式牴觸的不同面向。

　　關於這些發現，你們同意思考下列的問句：

1. 成功地抗拒此一現代公式塑造生活，如何反應了你們的關係？

2. 如果有其他「關係的可能樣貌」的知識也支持這種抗拒，這可能是什麼樣的知識？其源頭可能是什麼？

3. 你們敢不敢接受這些發現，並且接受這些不同的觀念，

進一步擴展對現代公式的抗拒？

我期待看到你們對這些問話的想法。

祝好！

麥克‧懷特

這使我想起你！

我（麥克‧懷特）常常在遇見一個人的時候想起另一個人，有時候是在治療中認識的人。有時碰到的情況也會使我想起在治療中認識的人的生活與關係。有時候我會因此提筆寫信給想起的這些人。以下是幾個例子。

親愛的雋恩：

今天我認識一位年輕的女性，她正努力整頓自己的生活。會談結束時，她說她已經準備要採取行動。結果她準備採取的行動和妳當時準備採取的行動很像。

她使我想起妳，我不禁好奇妳在當時自己的「準備」中有什麼樣的發現？妳是否已經恢復正常生活？那一步對妳而言是否太早了一點？這封信只是想告訴妳這句話。我相信我的好奇心還能夠等到我們下一次見面。

祝好！

麥克‧懷特

親愛的福瑞德：

收到這封信是不是很驚訝？我自己也很驚訝會寫這封信給你。這完全是因為昨天我在公園裡為了看一個人做伏地挺身，在水溝上扭到了腳趾頭。

但這和你的關係是什麼？我還記得上次會面時，你的腳一直在痠痛。扭到腳使我想起你的腳，想到你不知近況如何。如此而已。

下次見。

麥克‧懷特

親愛的丹妮絲與福蘭：

昨天連續碰到幾件事，使我想起上次見面時你們突然對自己的關係有了重大的領悟。

我很想寫這封信問你們，從那個時候開始，你們覺得這樣的領悟對關係產生了什麼影響？或許你們不介意先回想一下這兩個禮拜的狀況，做一些筆記，然後下一次會談時帶給我分享。

祝好！

麥克‧懷特

偶然相遇

治療師遇見曾經一起來做治療的家人或朋友是很平常的事，特別是治療是在醫院這類機構進行時。這一類機構常會有來訪者的家人進出，有時候也有他們的朋友。對很

多在那裡接受服務的人而言，在那裡認識的人很容易成為朋友。

　　偶然遇見這些親友常常會構成寫信的動機，尤其來訪者在社會上很孤立的話更是如此。這樣的信通常很簡單。

親愛的隆納：

　　匆匆忙忙給你寫封信。前天我在醫院遇見你母親。我想寫這封信跟你打聲招呼，不知道你近況如何？

　　就這樣，再見！

　　　　　　　　　　　　　　　　　　麥克・懷特

親愛的依麗莎白：

　　康蒂告訴我她發現妳最近有很大的改變。但是因為我必須趕到別的地方，沒有時間再多問。如果妳能告訴我，我會很感激。

　　　　　　　　　　　　　　　　　　麥克・懷特

親愛的傑瑪：

　　昨天遇到尼克，我問起你，但是因為他在外工作，所以不是很清楚。

　　我想寫這封短箋給你，跟你打聲招呼，並且詢問你個人的計畫進展得如何。

　　　　　　　　　　　　　　　　　　麥克・懷特

以信件來敘事

信件不只是一種文書體裁，更是一種溝通媒介，具有多種用途。本章將示範其中幾種。在敘事治療中，信件主要用於將生活經驗轉變為敘述或「故事」，符合連貫性與擬真性的標準。因此這些信件與專業信件書寫中的修辭與文體標準有很大的差別。這裡所謂的「專業」信件是指專業人員彼此之間，對於來訪者以及問題所做的往來溝通。通常他們所討論的主角都無法閱讀這些紀錄，而來訪者的命運卻往往由這些紀錄決定。

在敘事治療中，信件是治療的真實建構的一種形式，由所有參與者共享。信件可以當成個案紀錄。個人／家庭是這些信件作品的想像讀者；相反的，某些所謂的「專業權威」會充任個案紀錄的隱形讀者，這類紀錄大多都是個人內在的自我對話。我們認為敘事信件比專業報告更能正確展現「療效」。如此的信件使治療師能對個人／家庭負責，其次則對他們的專業團體負責。因為信件與其中的資料是共享的對話，而非專業性的獨白，所有相關人士都能閱讀，所以能輕易地改正、質疑或驗證。治療師也需要共同創造一種論述，能在語言上包括所有或幾乎所有成員的對話，同時放棄故做神祕、排他性的專業法則。

敘事治療有一些很明顯的優點。首先，是將個人／家庭經驗置放在時間之流的脈絡中。敘事與科學報告不一樣，並不意圖使經驗固定不變，而是可隨時變化。布魯納

說明了這種需要：

> 除了敘事，我們似乎沒有其他方式描述「流
> 動的時間」（lived time），這不是說沒有其他
> 暫時的形式可加諸於時間的體驗上，而是沒有任
> 何形式能成功捕捉到流動的時間感：鐘錶或日
> 曆的時間形式不行，連續性或循環性的秩序也
> 不行，以上這些形式完全無法做到。（Bruner,
> 1987, P.12）

其次，「故事」比扼要的「解說架構」更複雜豐富，
可以容納更多事件或意圖，並賦予意義。故事有包容性，
於是能豐富個人生命，而解說比較具有排他性，忽略範圍
之外的事件。敘事能讓流動的經驗建構在流動的時間當
中，成為故事的重要情節。

敘事治療由情節所推動，隨著時間前進，能夠鼓舞家
庭與治療師，展望未來而非回顧過去。所有成員都開始質
疑問題故事或主線故事，並追尋新的意義和可能。原本受
到壓抑或不被納入紀錄的故事，或從主線故事中浮現，或
獨立、平行發展。替代性故事的發展起源於發掘「特殊意
義經驗」，亦即與主線故事互相矛盾或成為令人困惑的
特殊經驗。這些特殊意義經驗無法被納入主線故事的情節
中，被主線故事視為無意義或不重要。必須以新的故事

線，重新安置個人／家庭的經驗才能「改寫故事」，以淘汰原先的主線故事。在這過程中，人們的生活、關係，以及他們與問題之間的關係都被重新描述。布魯納甚至強調：

> 最後，由文化形塑並引導自我生命敘說的認知與語言過程，將使我們得到架構知覺經驗、組織記憶，分割並刻意建構生命特定「事件」的權力。最後，我們成為自傳性的敘事，並傳頌我們的生命故事。（Bruner,1987, P.15）

以報復來扯平

我（大衛．艾普斯頓）在一年前的某個場合見到了十七歲的泰德、他的父母，十五歲的弟弟邁可與十一歲的妹妹珍。他說他父母讓他選擇：是自己單獨，或與家人一同來見我。他承認不願前來，但如果不得不，他寧願單獨前來。我同意了，而且我很高興自己答應了他。泰德告訴我，儘管他滿懷善意，卻仍無法忍受弟妹的挑釁，包括取綽號還有珍的肢體暴力。他越克制自己，邁可與珍似乎就越放肆。他承認特別對自己長得沒有所期待的那樣高大感到特別敏感，此外也對失敗非常在意。泰德是個有成功議題的年輕人，意即只要是他動手做的事情通常都很成功，但只要事情沒那麼成功，他便不願接受或非常焦躁。特別

是他在六、七個月前所做的決定，要與家人建立新的手足關係，不僅一點也不成功，而且邁可與珍顯然沒注意到他的努力，情況甚至更加惡化。泰德與我進行會談，嘗試為最近的事件理出頭緒，共同建構出應該採取的行動，這些行動列舉在我給他的「信件」中。

親愛的泰德：

很高興又見到你。以你的年齡而言，你是個相當有智慧的年輕人。至於你「療傷」的問題，很可能是你在最近六、七個月改變了對邁可及珍的態度。你明白自己即將在不久的未來離開家庭，於是重新評估你的弟妹在你生命中的重要性。他們過去可能一直都是騷擾者、模仿者與競爭者，但你一向擁有年齡、經驗、體重與力氣上的優勢。在某種程度上，你已經放下衝突，希望他們能注意到，並且做出不同的反應。讓你失望的是，情況剛好相反。你越是脫離過去與手足相處的模式，他們越是抓住不放。彷彿他們懷念你的參與，以激怒你來引誘你回頭加入他們。他們不知道你想要不同的關係。我建議你們開一個會，把你的提議讀給他們聽。

提議如下：

1. 告訴他們，你很快就要離家，你現在明白他們對你有多麼重要，也希望他們將來對你還是這麼重要。

2. 告訴他們，你對他們表現出強烈的感情，因為你沒有與

親愛的泰德：

顯然你的手足問題已經消失了百分之九十到九十五，如你所說的，「從黑暗中露出了光明」，現在你有了這樣的成績，難怪你會說「我對自己感覺好多了」。

但是我要你思索一下「我覺得我也應該當邁可與珍的父母」這個感覺。珍與邁可「不聽你的建議」並不令人意外，這讓你覺得「很生氣……我知道我能幫助他們……我想當他們的大哥哥」。我猜目前珍與邁可對此提議並不十分感興趣，他們比較希望你只是當他們的哥哥，擁有平等的手足關係。

在未來一段時間中，你還是會很想要「提供他們忠告」，雖然你不知道自己為什麼會這樣。你在十七年的生命中學到了許多，有些是透過嘗試錯誤與修正。像你這樣有責任感的人，也許會希望傳承自己的經驗，幫助他們不犯同樣的錯誤。但邁可與珍都是很有主見的人，他們寧願自己「發掘」，也不願接受你的「指示」。只是你有提供忠告的習慣，可能一時難以打破。

所以我們要採取以下的解決方法：讀過下面這封信後，自己稍加修改，然後影印二十張給邁可。告訴他你想要打破「提供忠告」的習慣。請他幫助你。只要每次你提供了他覺得並不需要的忠告時，就請他把一張影印的信交給你。

親愛的邁可：

　　我一直覺得我是你的大哥哥，但現在我希望我們相互平等對待。不過積習難改。我當了你十五年的大哥。如果你發現我忘記我們是平等的，並提供了你不需要的忠告時，請給我一張這封信的影印。我給了你二十張。如果你需要更多，請告訴我。

　　　　　　　　　　　　　　　　　與你平等的泰德

　　在我們第一次會談前，泰德的父母打電話來表達關切，他們擔心兒子有躁鬱症，不知道是否該去看精神科醫師。我寫了一封短箋給他們。第一次會談後他們打電話來，表示泰德的情形明顯地進步了許多。

親愛的喬治與陶樂絲：

　　我相信邁可與珍都讓你們很驕傲，在此我想要表達的是我對泰德的佩服。我很少看到同齡的年輕人如此善體人意與了解自我。我相信你們都為他感到驕傲。我唯一擔心的是他的責任感過重。你們也許要設法多勸他不要過度為他人操心，因為這樣也許會忽略了自己。

　　我願意再表達一次，與泰德會談真的是樂趣十足。

　　　　　　　　　　　　　　　　　真誠的大衛·艾普斯頓

　　九個月後，泰德準備出國的前夕，我打電話給他。他

很想當面告訴我事情的進展，但實在沒有時間。不過泰德說事情正如他所預期的，現在他已經與弟妹建立了平等的關係。

循原路解決問題

葛倫十三歲，剛讀完高中一年級，碰上了麻煩。我（大衛‧艾普斯頓）在兩年前見過葛倫，那時他有偷竊的問題。他父母說我們會談之後，葛倫除了接受之外，也開始懂得付出了。翌年他表現得「相當合作」，他的父母對他與十六歲的姊姊、十一歲的弟弟都很有信心，晚上放心外出，留下孩子在家。葛倫說他比較喜歡負責任，因為「如果父母信任你，你就會感覺比較安全」。但是開始上高中後，葛倫出現越來越多問題。首先是成績下滑，然後他開始蹺課逃學，最後在商店順手牽羊被抓到。這一切都發生在六個月之內，他的父母非常擔心。但是無論如何嘗試，葛倫都不肯深談，只是躲在臥室中。他母親感覺到「一座高大的磚牆」隔開了他們。葛倫承認這些問題也讓他困擾。據他母親的描述，他睡得不好、生活很不快樂。

我寄了以下的信件給葛倫：

親愛的葛倫：

看來你碰上了麻煩。我了解你現在很希望解決這些麻煩。你爸媽去年開始信任你，因為你長大了許多。我也相

信你已經夠懂事，能夠自己解決這些麻煩。

要解決麻煩的最好方法，就是弄清楚自己當初是怎麼陷進去的。就像是你在樹林中迷路，最好的方法就是循原路走出樹林。現在我們來為你的問題梳理出來龍去脈。

你輕鬆地讀完初中，只要專心就能跟得上學業，不需要特別努力。然後你跨出一大步，進入了高中。你滿懷信心入學，心想可以輕鬆地讀完高中。你大概以為不需要寫功課，卻不明白沒有人會像初中老師那樣細心督促你，你必須督促自己才行，難怪你無法接受課業失敗的事實，於是你開始躲在房間裡，不肯與爸媽討論此事，和他們之間「隔了一座高大的磚牆」。六月你參加一齣音樂劇，給了你藉口不去探究問題，於是更落後了。現在你開始退縮、逃學。學校注意到了，決定把你列入「不良名單」中。於是你放棄自己，在商店順手牽羊，現在你與警察也有糾葛了。少輔隊的警員給了你一些忠告，看來你也聽進去了。

葛倫，現在你的工作就是循原路走出來，擺脫這些麻煩。是你讓自己陷進去的，所以也需要你自己掙脫出來。這樣你會讓父母感到驕傲，他們會知道你真正長大了，因為你能夠從錯誤中學習。這不表示你不能向父母求援。但如果你想要找回原路，就必須自己去做，最好也能讓爸媽知道你的進展。

葛倫，也許你還不夠成熟，無法自己解決這些問題。那麼你父母就必須把你當成小孩子，更加管束你的生活。

我想以你目前的懂事程度，你能夠自己做到。我也為你父母影印了這封信，請交給他們。

一個月後我們不妨見個面，看看你是否更陷入麻煩更覺困擾，比如更不快樂、睡得更不好等等。還是開始擺脫麻煩較不感到困擾，變得更快樂自在。如果你父母方便的話，請他們打電話跟我約時間。

祝你順利循原路出來！

大衛‧艾普斯頓

P.S. 如果你決定擺脫麻煩的話，我不希望你以為這是件容易的事；換個角度想，越難越好，如此一來的話，你將會成為越棒的人。

我們兩個月後見了面。以下這封信說明了我們的會面：

親愛的葛倫：

葛倫，你沒有更陷入麻煩，而是開始擺脫麻煩了。你說你「不喜歡陷入麻煩」，我完全同意。你開始在課業迎頭趕上，老師也注意到了。現在你會做完功課，而不是只做一半。你也覺得考試容易多了，睡得比較好，甚至連早上都醒不過來。你父母也減少擔心且更信任你了。你媽媽說她對你的信任「從百分之十升到百分之六、七十」。你父親說他「信任感增加了」。她說你「非常專心在課業

上，態度也成熟多了」。恭禧你也交了許多新朋友。

葛倫，你說你「循原路出來，至少回到了正途」，你父親也同意。但你媽媽不同意，她說：「我覺得他超前了……他以更成熟的態度處理問題……也接受了我們的界線。」葛倫，你說你嘗試過狂野放縱，可是沒有用，所以現在你要馴服你的野性。她說「你更注意身體健康」。我很高興你開始為自己負責，而不是期待父母為你承擔責任。你爸爸還提到你對弟弟更有耐心了。

葛倫，我必須同意你母親的話。你的確已經超前了，不僅是循原路出來而已。以前的問題青年，不可能有這些成績，所以我要敦促你好好思索你所達成的，並且保存在記憶中。將來再度碰上麻煩時，你就可以回憶自己是如何陷入麻煩又掙脫出來。把這些回憶埋藏起來，但要記住埋藏在何處，將來也許還會派上用場。

恭禧你擺脫了麻煩，同時還超前了。你可以把這封信給你父母看。

祝好！

大衛・艾普斯頓

我在六個月後打電話給葛倫與他的父母。大家都同意現在的他是個身心健康的年輕人。有趣的是，葛倫堅持要轉學到另一所比較遠的高中。他告訴我那所高中「比較有紀律」，比較適合他。他父母有點失望，仍同意這個經過

仔細的考慮，尊重他的決定。

不管你要怎麼做，別叫我報警！

卡蘿當了十年的單親媽媽，扶養了五個孩子，年齡從
十六歲到三十一歲。我（大衛・艾普斯頓）在一年前與她
的小女兒，還有小兒子東尼見過三次面，重點放在東尼對
姊姊們的肢體暴力。後來他的暴力很快收斂下來，在母親
的鼓勵下，二十三歲的姊姊茱蒂離開了家。卡蘿在整個過
程中都表現得很堅強。

但是這一次事情顯然與以前不同。卡蘿感到非常灰
心，在我們首次會面時，她告訴我：「我只告訴了你部
分的真相。」現在她覺得必須要坦白。但在她合盤托出
之前，她凝視我的眼睛說：「不管你要怎麼做，別叫我報
警！」從她的描述中，雖然東尼克制了肢體暴力，卻仍然
構成威脅，而且他已經因為犯法被定過罪、罰過款，在感
化院待了一段時間。當卡蘿不肯給他錢，或借他車子，或
讓他用屋子，他會暴怒，毀壞她的財物，威脅要傷害或殺
死她或她的小貓。她承認她擔心自己的安全。我認為她有
十足的理由擔心東尼正誤入黑道。她覺得自己束手無策。

我把「內疚」（guilt）外化、客觀化了，先是詢問卡
蘿一連串補充性問話（White, 1986b），然後提供她的補
充性描述，我稱之為「我的摘要」。

「內疚會招引東尼的責怪。責怪他人能使責怪者不負

任何責任。充滿內疚的父母就會為不負責任的孩子擔負起過多責任。」然後我給了她一些帶回家思考的問話：

1. 妳要如何了解自己多麼容易感到內疚？妳在感到內疚方面接受了什麼訓練？
2. 妳要如何了解你們家醜不外揚的傳統？為什麼告訴外人就是不忠實與背叛？

卡蘿一週後回來。她說這些問話都很有道理，然後提出冗長的理由，說明她為什麼應該感到內疚。她從五歲開始就覺得自己要為父親的酗酒負責，沒有任何外人能知道家中的事情。在她家中「所有人都要保密」。卡蘿說她對孩子們所受的苦、她自己惡劣的婚姻，還有東尼的問題都感到有責任與內疚。

這次會談結束時，我又讓她把兩個問話帶回家思考：
1. 我為什麼會覺得必須內疚？
2. 我是否已經受夠苦了？還是應該繼續折磨自己？

我不意外卡蘿下次見面時又帶了許多內疚的理由。下一封信是了那次會面的摘要。

親愛的卡蘿：
　　我給妳的問話是：
　1. 我為什麼覺得必須內疚？

2.我是否已經受夠苦了？還是應該繼續折磨自己？

妳提出的理由如下：

1. 當東尼還在幼稚園時就開始照顧另一個孩子。

2. 也許我愛他愛得不夠。

3. 當東尼很快樂地上學時，卻從陶蘭加搬家到奧克蘭，轉學到不好的學校。

4. 搬家到外地接受護理訓練。

5. 沒有處理好婚姻。

6. 與東尼沒有任何相同的興趣，連他還小的時候都沒有。

7. 東尼六週大時，我父親過世，我母親過來跟我住。當我為東尼哺乳後就會交給她照顧，讓她能夠暫時忘卻喪夫之痛。

8. 表現出我對東尼目前狀況的不滿意。

9. 也許傳達了矛盾的訊息。

10. 有時候很想放棄繼續關心他。

11. 沒有幫他解決小學時的課業。

12. 表達負面的態度，對他讚美不夠。

13. 我希望他能離開我的住處，到外面找個公寓住。

　　卡蘿，當我們討論內疚對妳的影響及妳對於內疚的控制上，結果顯示了一種趨勢。六個月前，妳的理由中有百分之三十是自我尊重，百分之七十是自我折磨。近來變成百分之四十是自我尊重，百分之六十是自我折磨，今日妳

是百分之四十五的自我尊重，百分之五十五的自我折磨。妳說這是為了要活下去才會如此。我相信不僅於此，但也很擔心妳在這種惡劣處境中的生活。不過，妳還沒有準備好採取果斷的反擊行動，除非妳對於自我尊重的強調超過了自我折磨。

我們想出了兩種做法，也許能讓妳更強調自我尊重，挑戰自我折磨。第一種做法是把這封信的影印本送給珍、唐娜、李察與凱西（卡蘿的四個成年子女），徵求他們的意見，看看妳應該怎麼走：更多的自我折磨還是培養自我尊重。我附上了影印本。等收到了所有的回應後，請打電話給我安排會談，我們可以評估妳是否準備好了。當妳準備好時，妳會立刻知道的。如果妳的子女們都無法說服妳更強調自我尊重，那麼我們就會採取第二個做法。妳與我一樣清楚，這個做法一定會有效的。

希望妳能夠為自己採取肯定的做法做好準備。記住，受內疚驅策的生活無異於終身監禁。

祝好運！

大衛・艾普斯頓

三週後，卡蘿很緊急地打來電話，請求次日立刻會談。她說她必須告訴我一些事情。我們次日見了面。接下來的就是在那次會面當場完成的紀錄，後來也寄給了她。

我已經準備好了，不知道自己這麼接近。第一個改變是告訴其他人關於家中的情況。以前我做不到，不希望大家認為東尼是個壞孩子。我看到一張東尼十三歲的老照片，我愛的那個孩子已經不見了。如果他不關心人，我不想要再跟他有所瓜葛。這是實話！

我就那樣發作了……真的非常激烈。我看見自己變成一個大洞……很圓……很黑暗……空蕩蕩的……連底下都沒有任何東西。我一直付出、付出、付出……現在什麼都沒有了。

那一天，我也想到了所有欺負過我的人，當我試著表達善意、卻占我便宜的人。我覺得我當了很久的受害者，被很多人傷害。

那是壓斷駱駝背的最後一根稻草，錢被領走，還有工作上的事情。我碰上幾個性騷擾的傢伙，還要在午餐時走路到銀行，後來又不能去上課。

我對於那些信件感到很難為情。但每個孩子都很好。我寄信前打電話給他們，告訴他們我對很多事感到內疚。他們都很正直，也很好奇。但還是有幫助。我知道我會得到他們的回應，我需要依靠那些回信。把東尼趕出去，這是我一直想做的事情，正如你所說的一樣發生了，真是太好了……我現在與他父親沒有任何（金錢）瓜葛了，我可以開始新生活，再也不容許任何妥協。我一直被愛情勒索。女人都是在愛情和浪漫的神話中長大。我以不同的方

式養育我的女兒們。

我沒有告訴其他孩子，覺得不需要，只覺得需要回來告訴你。

卡蘿兩週後寫信告訴我，一切都很順利。她過去覺得「無法停止愛東尼並照顧他」，但現在她堅持「他必須改變自己」：

我以前覺得對他而言，我做得非常失敗；但我已經盡力，現在一切都要看他了。現在我對於所發生的一切只感到很悲哀……我的生命因而改變，思索這個過程也很有意思。首先我完全信任你，因為沒有其他選擇了。我照你的指示思考問題。有時候比做粗活還要累人。後來發現我可以告訴一些人關於家裡的情況，很驚訝他們沒有責怪我或對我說東尼的壞話。接下來我感到越來越受不了，我不應該忍受這一切。然後你知道發生了什麼事。我希望有一天，那個「洞」會填滿起來，我又能夠付出了，但我知道我絕不會再失去對自己的尊重。

謝謝。

卡蘿

P.S. 我以高分通過考試，現在開始進修進階課程了！

我的回信是：

親愛的卡蘿：

謝謝妳的來信。妳聽起來像個剛出獄的人，內疚是妳的獄卒。我相信妳現在感受到的空虛，很快就會被妳自己及周圍的朋友所填滿。現在妳已經準備好迎接個人的成就與快樂。妳忽略自己太久，明天是屬於妳的，這是妳應得的。我同意妳說：「我絕不會再失去對自己的尊重。」妳也不會再折磨自己了。

恭喜妳的考試成績，祝妳的新生活順利。

尊敬妳的大衛・艾普斯頓

一年後我寫信給卡蘿，詢問是否可以出版她的故事，她的回信如下：

你當然可以使用我的「故事」，只要能夠幫助任何人，我都會很高興的。

東尼與我的關係比以前好多了。他離開後經歷了許多階段，從恨我到請求我讓他偶爾回來小住。我不准他吸毒或喝酒或把音響開得大聲。

他以前酗酒又吸毒，現在決心戒掉，除非有人願意免費提供。他開始存錢，想要回去讀高中，然後進大學。

我也仍然在改變。我感覺更有自信，雖然不喜歡東尼紋身與某些態度，我很驕傲他是我的兒子，並且很喜歡他的某些方面，能接受他這個樣子，不管他以後是否會進一

步改變。

　　祝你出書順利。

卡蘿

回憶才能忘懷【註五】

　　十四歲的珍娜企圖自殺而住院，與母親來到萊斯利中心。珍娜的母親法蘭西絲非常希望有人能協助，因為珍娜出院後還是不斷逃家。

　　法蘭西絲與珍娜在奧克蘭住了六個月。法蘭西絲於十年前與珍娜的父親分居，珍娜十二歲的妹妹安目前與父親住在一起。法蘭西絲計畫在新年遷回南邊一千兩百公里遠的基督城。法蘭西絲與珍娜都說兩個月前發生了一些事情，使珍娜的行為有所改變。她開始暴食，常感疲倦，早上爬不起來，對學校課業失去興趣，儘管原來成績很不錯。

　　經過會談後得知，顯然法蘭西絲與珍娜離開基督城，是因為無法面對珍娜外祖母的怪異舉動。她們敘述的「故事」讓我們很驚訝，在會談結束時，我們做出了摘要，告訴她們兩個，尤其是珍娜，必須結束生命中的這一個章節。我們覺得她們必須相互坦述，同時對我們兩個陌生人坦述先前難以啟齒的事件。我們表示如果能把過去的事件說得越清楚，對於她們生命的衝擊也會減少，她們就可以準備展開新的生活。

以下是她們故事的摘要：

珍娜，妳成長時有非常疼愛妳的外祖父母。妳外祖母的生活曾經很不幸，從小就沒有父親，年輕時被母親的男友性侵犯。她母親不相信她，非常惡劣地對待她，導致後來出現嚴重的問題。她結婚後生下法蘭西絲。法蘭西絲現在也有一個女兒，就是妳，珍娜。珍娜的父親不見了，她的外祖父母很辛苦地取代跑掉的父親，他們幾乎成為她生命中的另一對父母。

無怪乎外孫女與外祖父母變得非常親密，外祖母可能比外祖父更努力親近珍娜，因為她沒有好好親近自己的女兒法蘭西絲。所以，珍娜，妳母親一定會覺得外祖母想要搶走妳，於是妳陷入了親情之間的較量。法蘭西絲相信妳比較愛外祖母，這使她更難過。

然後有一天妳接到猥褻的電話，驚慌失措。這些電話只有當妳母親外出到大學上課時才會打來，所以妳很自然打電話給外祖母，她會過來安慰妳。等母親法蘭西絲回家後，妳外祖母會瞪著她。電話繼續打來，妳越來越害怕，對生活也越來越不專心。但是就像偵探小說一樣，最後發現兇手是最不可能的那個人——妳的外祖母。這一定很讓妳困惑，讓妳晚上失眠思索：為什麼那麼愛妳的外祖母想要嚇死妳？

妳唯一能採取的做法，就是假裝忘了這件事，好像什

麼都沒發生過。問題是事情真的發生了，妳的「潛意識」感到大惑不解。

當妳以自己的方式寫下這個故事時，我們相信妳會回憶起整個事件，然後才能讓妳真正忘懷。我們了解除非真正釐清，否則不可能忘懷。等妳寫出這個故事後，事情就會變得清楚了。

然而，別指望這會彌補妳母親對外祖母的失望。這樣的期望太高了。

我們安排一個月後進行另一次會談。但在第三週時，我（強妮拉·柏德）接到了法蘭西絲的電話，她說珍娜的心情已經好轉了。她回去上學，兩人也開始交談了。法蘭西絲補充說，經過了上次的會談，她決定回到基督城，她希望住在那裡。她們在那一週就要回去了。珍娜請她母親打電話來，為她道別。珍娜告訴我，她覺得已經完成了生命中的這一個章節。她知道回到基督城後還會遇上困難，但有信心能夠克服。

這段過程說明了治療中常見的情形，也就是「忘懷」創傷事件的影響。在這段治療的過程中，我們提供了安全的空間來「回顧」，讓珍娜與法蘭西絲的故事能夠「呈現」與「改寫」，讓她們得以區分出過去、現在與未來。

擺脫退縮

我（麥克・懷特）清楚記得第一次與哈瑞・桑德士的會面。我發現他穿過杜維曲中心的走廊，看來迷惘而苦惱。我上前自我介紹後，得知是朋友介紹他來找我諮商他兒子，十六歲的保羅。哈瑞很擔心保羅，覺得情況非常急迫。

哈瑞說大約在兩年前，保羅開始退縮，失去自信。在數月之間，退縮的情況加劇，甚至拒絕上學。許多人士都嘗試介入，包括學校單位，但所有的努力，都沒有效果。保羅反而變得更為內向與自責。

哈瑞與保羅的母親蘿絲曾經幾次帶他看門診。經過評估與診斷，醫生開了藥。每次保羅都拒絕繼續就診，也拒絕服藥。

他退縮到很少離開臥室，只與父母及弟弟詹姆斯說話，而且說得也很少。他大多時候躺在床上，有時候哭泣，有時候「只是亂丟東西」。他一向是個「害羞與敏感」的孩子，現在已成功地成為隱士了。

當我問到這種情況對其他家人的影響時，哈瑞說他與蘿絲時時刻刻生活在壓力與不安中，他們越來越絕望。保羅的弟弟顯然比較沒有受到影響，但他也是個很敏感的孩子，有時候也會擔心哥哥的生活狀況，加上他發現自己完全無法幫助保羅，因此更感到難以接受。

我安排出時間會見所有家人。哈瑞不確定是否能叫保

羅參加，就算第一次能帶他來，也不確定他以後還會不會來。我告訴哈瑞，其實保羅不需要來，但就算他只能來一次，也會很有幫助。

哈瑞很有辦法，將保羅與其他家人都帶來參加第一次會談。剛開始時，大家都很擔心，包括我自己。保羅沒有正眼瞧任何人，只說了幾個字，看起來很不安，顯然很不高興來參加會談。

「退縮」是用來外化問題的可能字詞之一，在會談剛開始沒多久就浮現了。我不記得是誰提出的，它突然就出現了。我們談起這對家人生活與關係的影響。經過討論後，大家都有了共識：保羅的退縮有很大的威力。

當我們衡量這問題對家庭成員的影響時，發現了幾次事件是保羅可以退縮卻沒有退縮的。他並未完全屈服於這種狀況，所以還不算是徹底的生命過客。我邀請他們對這些特殊的情況提出解釋，雖然保羅的參與非常被動，但他似乎產生了興趣，對情況的發展有點驚訝。我們也找出了幾次事件，退縮的威力足以使哈瑞與蘿絲的關係暫停，但是他們堅持維持下去。此外，我們也發現某些情境，退縮可能使他們陷入很深的絕望，事實上卻不盡然。

會談接近尾聲時，保羅極簡短地表示，退縮與脫離退縮都很有吸引力。蘿絲、哈瑞與保羅的弟弟都很清楚他們比較喜歡哪一種情形，我們討論了一些可行的步驟來對抗這個問題對他們的影響。

保羅並不熱衷於再回來會談，我沒有再看到他。後來所有與他的溝通都是透過他父母、弟弟，或信件往來。

　　接下來信件中的第一封，是在第二次會談後寄出的，【註六】。我不會呈現這些信件的細節，只提及關於保羅的生命經驗與他父母跟保羅的經驗，這些信件反應了在建立新的理解脈絡時所做的努力。「舊」故事所提供的理解脈絡大致上是強調失敗。新的理解脈絡使失敗的歸因變得非常困難。治療師從身後提供支持，而非提供身前的指引，是建立這種新理解脈絡的主要手段。一般而言，如果有人站在前面，就會阻擋來訪者的視野，使他看不到自己生活的獨特可能。

　　對於自認為是一大失敗的人而言，只強調正面的部分，並且對生命中的事件刻意積極，會造成「力量的消解」。在這種情況中，來訪者會區分出他對自己生活的觀感，以及他覺得其他人對他的觀感兩者間的重大落差。他會「發現」他人對自己生活的觀感，遠超過他對自己狀況的認識，於是他就會經歷相形見絀的感受，這將證實他的失敗感。而這種證實將具有非常真實的影響力。

　　從背後提供支持，不會造成此種問題。治療師可以透過辨認「特殊意義經驗」，直接讓來訪者參與這些事件所帶來的新意義，以達到這種效果。因此，來訪者受到鼓勵成為新故事的優先作者。

　　治療師也可以採取「底線」位置來達成這種背後支持

的效果，意即立於來訪者生活所有改變的對立面，這將能帶來立即而明顯的放鬆，以避免超過底線。這將能提供更具有力量的區別。治療師持續辨識來訪者先前的狀態，保持警覺的態度，不催促來訪者的生活進展。治療師會因這些進展感到驚訝，於是能避免超前來訪者，而提供消解力量的區別。治療師將持續鼓勵來訪者延續這些進展，表達出對這些進展的了解。來訪者覺得自己更成功後，治療師就比較不需要擔心自己是否會超前。

「關於準備程度的問話」（readiness questioning）與猜測也可用來輔助治療師的背後支持以及理解脈絡的架構，使失敗的歸因變得困難。治療師可以對來訪者如何知道自己準備好進行下一步感到好奇，詢問來訪者是否準備好採取下一步。來訪者能否進行下一步來擺脫問題的影響，端視準備的程度而定，而非失敗的程度。如果來訪者後退了，那麼首先該檢討的，就是錯誤評估了來訪者的準備程度。

親愛的保羅：

很遺憾你沒有來參加八月十一日的會談。我很期望能再看到你，但也尊重你不參加這次會談的決定。我猜你還沒準備好，不來也許是很明智的，這讓我有機會與你父母好好談一談。

我從他們那裡得知你準備採取步驟擺脫退縮，振作自

己。我們討論了很重要的一點是,你不應該太急著擺脫退縮所形成的習慣。你必須了解,這種進程將是走走停停的,時常看起來是前進三步,後退兩步。

我猜想你已經準備好採取下一步來擺脫退縮。我不知道下一步將會是什麼,也不知道你什麼時候準備好,但我要提醒你不要對此報太大的期望。

我很肯定你的努力,非常希望能在下次會談時看到你。

真誠的麥克‧懷特

親愛的保羅:

今天九月一日的會談仍然沒有看到你,我感到遺憾。我這麼說不是要對你施加壓力,只是要讓你知道,我對你這個人充滿了興趣。

你父母告訴我,你已經脫掉了牙套,我很期待不久之後能看到你,看看有什麼差別。我打賭你一定很高興。

你也許記得上一封信中,我提到我覺得你已經準備好踏出下一步來擺脫退縮。我這麼認為,但並不確定。我非常期待聽到你的近況,很高興知道你在八月二十二日週六跨出了這一步,這則消息讓我有點驚訝。那一天你自己展開行動,表現出一年來少見的作為。對你而言,這一定是重要的里程碑,朝向未來能夠獨立自主,以及能夠欣賞周遭重要的事物。

由於你已經準備得比我所預期的跨出更遠，我猜想你的下一步應該很快就會發生。我試著想像你會怎麼做。

　　我期望下一次的消息。

真誠的麥克・懷特

　　P.S. 我相信你知道欲速則不達的道理。

親愛的保羅：

　　我本來要在幾個禮拜前就寄這封信給你，但因為忙於準備研討會而耽擱了。最近我與你父母又見了面，得知了你在擺脫退縮上所採取的新步驟。

　　我必須說，這些新步驟讓我很驚訝，剛開始不知道能說什麼。我必須承認自己幾乎無言以對，知道你堅持參加戲劇表演，讓所有人見識到你的能力。我原本認為你還沒準備好接受這種成就，你的成功讓我刮目相看。不要會錯意，我一直知道你有能力主導自己的生活，但是如我先前提到的，你在恢復上已經超前進度很多。

　　你父母告訴我許多事情，關於你日漸增加的自信與能幹，我沒有什麼好補充的，除了說這些事情鞏固了你在新生活的方向。所有關愛你的人，都看見這個新方向的深度。

　　儘管如此，你父母說你決定今年去上學，讓我有點不安。我本來要告訴你父母，這一步還言之過早，他們應該勸阻你。然後我們進一步討論了這件事，還不確定你是否

準備好踏出這一步。我說如果你能同意把上學當成一項實驗，我會比較不擔心。如果你說：「今年我要上學，而且要讀完這一年。」那麼我會非常緊張。但是如果你說：「我要嘗試今年去上學，看看自己是否準備好了。」我將會比較放心。

　　我非常佩服你已經採取的行動，也告訴了我的同事關於你的事（沒有提到你的名字）。現在大家都知道過去八個月來，你已經非常迅速地逃離了退縮的箝制，他們都認為現在你可以緩一緩，稍微休息一下了。

　　如果你覺得自己可以過來與我會談，我會很高興，因為我對於你的觀感改變非常多，現在我非常好奇想要看到你目前的模樣。

　　祝一九八八年順利。

　　溫暖的祝福！

麥克・懷特

親愛的保羅：

　　最近我又與你父母見面了。他們告訴我關於你的近況。

　　我個人覺得與他們見面很有幫助，他們提供的訊息很有用處。如果你還記得，我們上次的會談讓我對你的進展速度有點擔心。我擔心你也許超前進度太多。你採取了更多步驟來擺脫退縮。事實上在某些情況下，你已經完全擺

【故事・知識・權力：敘事治療的力量（全新修訂版）】

脫。我聽到之後嚇了一跳，因為在某些方面，我認為你也許只是暫時離開退縮而已。

先前我只能大概揣測你的新作風，直到最近才能夠更了解你這些做法的重要性。我開始明白這些步驟都是真實的。

現在我知道，你一直決心要離開退縮逼迫你擠進去的小角落。你最近的進展讓我覺得你越來越穩固。我希望你能了解，我會不放心，是因為我有點被拋在後頭。

我與我的同事談到這個情況（仍然沒有提到你的名字），他們想要更了解你，對你的生活感到非常好奇，詢問你是如何在過去幾個月有這麼大的進展。他們想像你如何鼓勵自己、如何阻止了退縮的發作、如何超越一切的期望。我很抱歉無法滿足他們的好奇。如果我們將來能碰個面，你也許會想要聽聽這些疑問。

有一位同事認為也許我自己太超前了，我應該壓抑住自己對於你進展的欣喜，而且要警告你應該慢一點。我說你父母提供的訊息顯示，你目前的進展很符合你的需要，我認為他才應該要冷靜一點，你覺得呢？

我很期望能聽到更多。

祝好！

麥克‧懷特

親愛的蘿絲與哈瑞：

招攬更多聽眾

有時候我（麥克．懷特）寄信是為了摘要出來訪者生命中可見的新發展，以及伴隨新發展而來的領悟。當特殊意義經驗所產出的新意義似乎仍顯單薄，新故事很可能有落入舊故事陰影的危險，以致於來訪者無法察覺時，這尤其重要。

接下來是這類信件的實例，關於我與瑪琳、迪克的會談。瑪琳二十七歲時被介紹到一家大州立精神療養院的家族治療科，當時的她已有九年的憂鬱、焦慮、神經性厭食症、暴食與其他自我虐待的病史。期間，她接受過多種治療，包括住院，其中還有強制住院的拘留。

我們與瑪琳首次會談時，她非常虛弱消瘦，我們很驚訝她還能活下來。她一百七十八公分高，體重卻不到四十公斤。她不肯坐下來，只願靠在會談室的角落。整個會談過程中，她不斷絞扭著雙手或用手臂抱住身體，顯然對這次會談很焦慮。她不發一言，腸胃不時發出聲響。我們真不知道迪克是怎麼說服她來參加會談的。

瑪琳的救星迪克提供了一些背景資料。瑪琳在童年與青少年時期遭受許多的心理與身體虐待，其中包括暴力的性侵害，大多是由她父親所犯下，還有一位鄰居與她的祖母，她母親將部分原因怪罪於她。她總是被當成廢物看待，父親也以行動表現，說必須靠體罰才能革除她的劣根性。

瑪琳在十七歲時罹患厭食症，二十四歲時嫁給迪克。她是透過筆友通信認識他的。迪克非常關心她，相信自己能夠幫助她。但是儘管努力嘗試，他發現瑪琳的厭食、憂鬱與焦慮實在過於強大。

　　我們進行了幾次會談。找出了驅使瑪琳自恨的元兇，自恨得到了外化，效果也被繪製出來。瑪琳與迪克的一些特殊意義經驗也被確認。在這些會談中，瑪琳依然沒有坐下來。到了第二次會談快結束時，她開始對迪克耳語，然後由迪克轉述給我。

　　這些特殊意義經驗顯示瑪琳開始擺脫父親對她的影響。於是自恨慢慢動搖。我們的通信摘要了這些進展，鼓勵進一步使特殊意義經驗產出意義。

　　可是，迪克突然打電話取消了下一次會談，說瑪琳不想再參加了。她認為這是在浪費我們的時間。我說我們不認為如此，但瑪琳聽不進去。

　　兩年後我打電話追蹤情況，與迪克談了話。瑪琳還活著，情況很不好。

　　她不肯接電話，我只能請迪克代我問候。翌日，迪克打電話來說，瑪琳表示願意回來接受諮商。我很高興，立刻安排時間見他們。瑪琳看起來仍然很脆弱，但在會談時總算願意坐下來一會兒。我問她為什麼中斷了當初的會談，現在又為什麼想要重新開始。

　　她的回答仍然由迪克轉述。她說她覺得自己「不值

得」接受治療。我擔心是否因為我說了什麼話使她不舒服，請她要告訴我。但我誤解了她的話。她的意思是，因為她認為自己是「廢物」，不值得受到我們的注意。

現在瑪琳覺得自己應該接受進一步治療，加上她容許自己坐下來，在在表示了重要的進展。我鼓勵迪克與瑪琳告訴我，發現瑪琳採取了進一步的步驟來擺脫她父親對她的觀感，並發展出更能夠接受自己的態度。她能夠坐下來就清楚顯示了這一點：她不再接受她父親的想法，認為「她不值得坐在椅子上，因為她會把椅子弄髒」。

我們重新會談後，經過幾個月；接下來寄給瑪琳與迪克的信件，說明了會談的內容。

親愛的瑪琳：

我很喜歡最近與妳的會談。事實上我很高興看到妳採取行動對抗自恨與厭食。這封信說明了我們的想法，也包括了我們所好奇的一些問題。

我們發現妳越來越對自己的生命有興趣。妳開始關心自己，而且第一次開始相信有權利擁有自己的生活與未來。

這讓我們知道妳已經削弱了自恨。我們也知道妳比較少攻擊與否定自己。妳現在有能力站在自己這一邊了。

聽到了妳能夠擺脫妳父親與妳祖母的觀感，真是很好的消息。妳受了那麼多訓練為別人而活，受了那麼多教誨

來否定自己，現在妳能夠否定妳父親與祖母的態度，真是很大的轉變。

1. 妳是如何做到這種擺脫，而沒有感到內疚？沒有為自己道歉？沒有折磨自己？
2. 妳重新認同自己後，對自己身體的觀感有沒有發生改變？
3. 妳是否覺得這種改變減弱了其他人在過去對妳身體的侵犯？

　　請不要感覺必須回答這些問話。但是如果妳願意思索，願意與我們分享，這將有助於我們了解。

　　削弱了自恨後，我們看見妳已經開始了嶄新的生活，全然有別於過往，這個新歷史將走向新的未來。

　　我們很期望再見到妳，了解妳的進展。

　　祝好！

麥克・懷特

親愛的瑪琳與迪克：

　　我們很高興能在十二月二十二日星期四與你們會談，你們大概會想看看這次會談的摘要。

　　瑪琳，我們都很清楚上次會談後，妳有了長足的進展，雖然妳自己並不了解進展的程度。妳已經擺脫了許多早年妳父親與母親所給妳的訓練。現在妳開始探索新的方式來成為妳自己。

妳一直抗拒著隱藏感受，抗拒著其他人為妳做主。妳發現許多方法來表達先前受到壓抑的情緒，找到自己的聲音來表達想法。妳在會談快結束時，讓我們注意到妳自己的風格。這證實了我們對於妳進步程度的猜測。我們很期待能聽到更多關於進展的消息。

　　迪克，我們很佩服你能夠明白，代替瑪琳思考是多麼危險的一件事，也佩服你很快就能辨認出未來如何拒絕這種引誘。如此你將能夠幫助瑪琳成為她自己。我們也看到對於瑪琳表達她的情緒與意見，你能超越你所感受到的不舒服，你能了解這是她生命中，以及你與她關係上重要的突破。

　　正如瑪琳的花園長出了新生命，你們的關係和生活也有了新的進展。

　　我期望再見到你們。

　　祝好！

麥克‧懷特

親愛的瑪琳與迪克：

　　我們很高興上週四又見到了你們。這封信是摘要了我們最近兩次的會談。我將分別予描述。

1. 倒數第二次會談

　　會談中我們發現瑪琳與迪克的生活有很顯著的進展，他們的關係也大為改善。

瑪琳發現自己的聲音更有力量。她能夠更直接、有效地對迪克表達自己的感覺與想法，並且很喜歡這種發展。如此，瑪琳開始認可自己，找出什麼適合自己、什麼不適合，自己喜歡什麼、討厭什麼。

　　這讓我們知道瑪琳更信任自己，更看重自己的想法。她再度對食物與園藝感興趣，說明了她的生活又有了活力。瑪琳也開始「感覺內在的女性要出來了」，她對此滿高興的，但也怕會讓迪克對她有性的期待。

　　在迪克方面，他發現自己要對抗代替瑪琳思考的習慣。事實上他已經減少這種習慣百分之二十五的影響，開始更重視瑪琳的體驗，進一步發展自己的聆聽技巧。

　　迪克在擺脫舊習慣，提升雙方關係過程中，體會到自己具有從未想到的彈性。迪克顯然有更多力量改變自己的生活。

　　瑪琳與迪克的關係已經不再受沮喪控制。擺脫沮喪，他們就能看到新的溝通，以及解決問題的進展。

　　在這次會談快結束時，迪克與瑪琳同意此時不宜躁進，不要太快發生親密關係，同意他們都要禁慾，直到覺得完全準備好了。

2. 前次會談

　　瑪琳與迪克於治療時說明的進展讓我們都很驚訝。雖然我們預測他們會採取一些新的行動，但他們在這幾週內的進展遠超過我們的預期，我們需要花很多時間才跟得上

事、私人信件，還有電話。這類紀錄的敘事結構通常都是「成功」的故事，而不是許多心理治療敘事中的「悲慘故事」（sad tale）。

如果來訪者能夠呈現出關於現況的觀點，顯示正向的個人特質，那麼可被稱為成功的故事。如果來訪者的過去與現狀都非常悲慘，那麼他最多只能說明這不是他的責任，這裡就可用悲慘故事來形容。（Goffman, 1961, p. 139）

寫出「成功」故事能改變來訪者或其家人與問題的關係，以及來訪者／家人與治療的關係。具凸顯來訪者問題的效果，如果問題再度浮現，他們能夠對他人或自己提供諮詢。這些紀錄故事在幫助來訪者自我諮商上極有價值。我先前出版了一個例子，與 N 家庭一同使用這類紀錄（Epston & Brock, 1984），他們家中一個孩子有很難應付的進食問題。N 家庭同意錄音記錄解決問題的討論，提供有類似問題的家庭參考。（關於該錄音帶的評論，請看 Meadows,1985）

當有類似問題的新家庭進行首次會談後，他們將得到這捲錄音帶做為參考。這通常會帶來非常有力的影響，問題通常在幾次會談後就消失了。

然而，N 家庭後來在三次遇上危機時前來求助：母親再度懷孕、母親住進醫院，與母親返家。每一次我們都建議家人聆聽自己的錄音帶。除了這三通電話之外，我們沒

有其他接觸，問題也都迎刃而解。

參考其他人的「成功故事」或證言，具有戲劇性的效果，我不停地以各種媒介擴充紀錄的收藏。以下是一些例子。

傑瑞

傑瑞十歲大，已經是個小慣竊了，被送到許多「嬸嬸、姑姑」家生活，很快就故態復萌，每次都不成功。傑瑞接受敘事治療後，重新得到誠實的美名。

傑瑞選擇用詩來寫他的「故事」：

青蛙佛雷迪

青蛙佛雷迪是個賊。
他也不誠實。
他的家人很困擾
充滿哀傷。
沒人知道該怎麼辦。

一天他被送到青蛙診所，
那裡充滿了善意。
他們幫助他變得真誠。
也停止了他的偷竊。
因為誠實是最偉大的一件事。

佛雷迪受到信任，

家人也不再悲傷，

佛雷迪讓大家都很快樂。

我了解佛雷迪。

我以前也像他一樣。

一直在惹麻煩。

但現在我已經好多了，

我會盡力快樂，

就像其他人一樣。

丹恩

　　我（大衛・艾普斯頓）見到九歲的丹恩與他父母時，
小弟弟布萊迪才剛出生十週。丹恩的脾氣一直是個問題，
現在變得更糟了。他在學校行為失控，無法忍受任何調
侃，總是以暴力反擊、咬人。經過幾次會談後，丹恩開始
控制住自己，他的父母在其他子女入睡後，為丹恩準備了
「特殊時間」。但是當六歲的弟弟羅根與布萊迪必須短暫
住院時，丹恩又開始發脾氣了。我們進行討論，很驚訝先
前的會談對於丹恩的幫助。大家都認為可以再次嘗試。於
是丹恩在我們的要求下寫出他的故事：

注意的重要

以前有個小孩叫約翰。約翰很堅強，因為他受到許多人的注意，去過許多地方。一天他開始變得虛弱，因為他母親生下了小嬰兒提姆。他母親與父親比較不注意他，於是他開始鬧起情緒。

他開始攻擊與傷害其他人，卻又感覺抱歉，但是他不會跟其他人道歉。他也開始亂發脾氣，不想要幫人做事，做任何事都希望有錢拿。他母親與父親受不了他只希望別人幫他做事，而不幫助任何人。現在提姆已經兩歲大了，於是約翰的母親與父親又可以注意約翰，帶他到更多地方。約翰又開始堅強起來，停止攻擊與咬人。於是他母親與父親說：「你可以請朋友來喝茶。」因為他停止了壞脾氣。

約翰覺得更快樂與成熟，他知道只要有人關心他，他就能繼續堅強。

採取新的主動權【註七】

十三歲的傑因為頭痛與腹痛的問題，被小兒科醫生轉介。最近他在床上躺了三星期，頭痛得無法下床。某種程度上，傑對生活沒有什麼耐性，於是「被情緒所控制」，在家裡與學校受到打擾時，都會大發雷霆。他故意一直躺在床上，做著白日夢。他越是退縮，其他人就越受到邀請進入他的生活，為他採取主動權。無疑地，傑是個很能幹的孩子。

治療小組成員包括：索哈・干多米、李絲莉・麥凱、華利・麥肯西、林賽・湯普森、崔西・迪維莉、克里斯・華林、露薏絲・偉伯斯特，大家閱讀了病歷，寫了以下的信件給傑、十一歲的妹妹瑪蒂，與他的父母布萊爾及珍妮絲。

親愛的珍妮絲、布萊爾、傑與瑪蒂：

　　傑，我們都很擔心你。我們都是成年人，了解生活並不容易，但我們覺得你刻意退縮的習慣，使你陷入了一種「二手貨」的生活，由你的父母為你主導。但是你這種年紀的孩子，是不會真正想要聽從父母指示，儘管他們有很多好點子。我們覺得你大概是想要「靠發現來學習」，但我們必須警告你，這比「靠指示來學習」要困難許多。我們不明白的是你為何靠退縮來欺騙自己。難怪你如此挫折，你必須知道，你的生命正在流逝，因此會感覺情緒化與被動。林賽認為你的創意受到壓抑，也擔心你的父母與妹妹如果不覺察，就落入「同病相憐」的陷阱中。我們可以預見你們全都開始退縮到不可能達成的期望中，覺得迎合傑的情緒就能夠幫助他。這種做法也許會讓家庭受到傷害。哈肯尼斯家越是屈服於情緒化，傑越會感覺生命流逝，而非由他所主導，由他自己來發現生命。

　　我們對於以下的問話都有同樣的看法：傑是否有能力？雖然我們還不清楚，但傑對付頭痛的方式，顯示了他

的能力可觀，只需要一個方向。我們無法回答，且彼此爭議的疑問是：傑是否準備好了？

露薏絲認為事情還會更惡化，然後傑才可能開始引導自己生命，而非任由情緒所誤導。我問她能提供什麼建議，她建議買個好床墊。她說如果傑要睡著長大，那麼還不如舒服地進行。基於以下的理由，每個人都為這個建議而爭論起來：

1. 如果你（傑）成為李伯大夢（美國民俗故事，李伯一睡五十年才醒來）中的角色，你是否能及時醒來？

2. 林賽擔心你的創造力因此而夭折。

3. 你父母將耗費所有精力來為你提供第一手的生活。珍妮絲與布萊爾，大家都同意第一手的生活要比二手貨的生活更好。

為了證明你已經準備好了，傑，小組有以下的建議：

從現在到下次會談之前，如果你準備好了（我們想再次強調，我們小組都相信你有這個能力），你將採取主動朝向自我肯定（而非自我否定）的生活方式前進，不需要靠你父母來提供指示。例如，自己洗碗而不需要別人要求。傑，你要寫下所有這些主動步驟，不要讓父母知道。珍妮絲與布萊爾，你們也要偷偷記錄從傑身上觀察到的行動。

崔西想要告訴你們，最近她讀了愛因斯坦的自傳。她說愛因斯坦的父母要求他做家事時，他絕不會找藉口推

基本上我成了所謂「情緒控制」的奴隸！因為有太多干擾，日子白白流逝。例如放學回家後，我會看電視、讀雜誌，等到應該要做功課時，總是被打斷，像是電視節目。我無法應付這些干擾。我自己也明白，於是感到挫折，挫折很快就變成憤怒，我發洩在其他人身上。由於我的憤怒，以及發洩在他人身上的情緒，我在學校受到排擠。我在家中也發脾氣，然後就是「故意退縮」：花很多時間什麼都不做。

　　這對於構思計畫很有幫助，但最後也使我挫折，因為我無法完成這些計畫。

　　我不熟悉這種狀態。我在中學二年級變成這樣子……是什麼造成的，我也不知道。

　　但答案很快就變得明顯：規律。若檢視問題核心，就會發現我像隻羊一樣，從一塊草地換到另一塊草地。我很早就明白這個問題，但什麼事都沒有做，直到七月二十一日——也就是來到萊斯利中心的那一天。

　　我突然明白自我提升並沒有省力的捷徑，必須以困難的方式進行。我重新規畫了自己的整天時間。例如本來準備上學要花兩個小時，我設法減少到只有十分鐘。對其他日常活動也如此。然後我開始增加其他的活動，像是：慢跑，騎單車等等。我花了一些時間才達成，但效果很好。結果是我的創造力大為改善，同時也具備了應對的方式，不受時間因素的干擾。

於是我變得比較不會發脾氣、比較包容，也比較不發牢騷。有時候我會被事情激怒，但不會壓抑，而是以有技巧與控制的方式發洩出來。我也學會更能自我要求，花更多時間把事情做好。

最好的是，我與其他人相處得更好，也更快樂。

我學會了新的方法來對付以前的干擾，例如，如果出現了問題，解決的方法之一就是寫下來。在一張紙上寫下問題，然後在另一行寫下解決方案。雖然我了解要怎麼做，寫下來後會覺得更可行，就像是踏出問題之外，採取旁觀者的觀點。這類做法很有幫助。

完整規畫我的日子，採取哲學性的方式處理事情，讓我能夠徹底運用每天的時間，有更多時間寫作、繪畫與泛舟，以及以前做不到的事情。現在我為自己設下研究計畫，也提升在學校的表現，寫出的報告比先前好很多。

現在我很驕傲地說，我完全享受生命。我變成一個更強壯、更明確、更成功、更積極的人。最讓我高興的是，雖然聽起來像某個教派團體的誇張宣傳，我知道這一切都掌握在我自己手中。

傑・哈肯尼斯

成為自己的顧問

崔西瑪麗打電話給我，那是在我（大衛・艾普斯頓）首次和她家人會談四年之後。現在她二十歲了。她說過去

三個月來陷入沮喪，無法掙脫。我很容易就想起她，因為她是我最有價值的「顧問」（consultants）之一。她的諮商是一封提供建議的信，她允許我可以給其他有相同問題的人閱讀。她的信件如下：

嗨，

我叫崔西瑪麗，我也有跟你一樣的問題，但大衛幫助我克服了。

我的父母很早就分開了，他們在一起時，父親會打母親。他們分開了一年後，我父親還是不停打電話來，我開始晚上做惡夢，甚至失眠。

大衛幫助我關閉了這些思緒，當這些思緒來襲時，就在腦中播放一段「快樂」的影片，就像是電影放映機一樣。事前大衛幫助我製作了這段「影片」，隨時可以播放。

我發現這個做法在前面一、兩個禮拜很有效，然後我就看膩了那段「影片」，於是自己更換了。

有時候我一個人在家，會想到不好的事，覺得我父親跑來了（他曾經這樣做過幾次）。我在夢中會以心理與身體的力量對抗他，然後贏得勝利。當情況變得激烈時，我無法在心中播放「影片」，因為頭腦會關閉無法運作。我甚至無法閱讀或聽唱片。我只能打電話給一位朋友，或者可能的話，就離家外出。

除非開玩笑，否則我從來不與朋友談到家中的問題。直到最近才能夠與一位朋友討論，而這很有幫助。我的人際關係因此改善，因為我的朋友覺得被信任，能伸出援手。

現在我已經度過了對我父親的恐懼與仇恨階段，而且很久沒有見到他了。我想對我很有幫助的是，我了解自己對父親的恨意並沒有錯；他罪有應得。仇恨是一種人類的情緒，我們必須學習控制它，而不是讓它控制我們的生活。

我覺得跟朋友出遊是非常有助益的。不要讓內心煩惱破壞了你的人際關係。我希望你有一個特別知心的朋友可以談。如果沒有，請不要客氣打電話給我，我願意聆聽。

好吧，我想這就是我要說的，希望你很快就會快樂起來。

許多的愛。

崔西瑪麗

這麼多年後再次見到她，真是一大樂事。她說她再度成為朋友與家人眼中的「惡婆娘」，又開始感覺到強烈的不公平，因為她母親的慷慨被十八歲的弟弟提姆所濫用。崔西不斷地提醒母親注意這種惡行，但母親都不採取行動，反而說那才是「母愛」的表現。崔西瑪麗會退縮回到臥室，對提姆感到憤怒與恨意，滿腦子想的都是「我好心

痛」。

　　崔西與她母親走上不同的方向，「恨意」對上「母愛」，使她們之間持續發生爭執，崔西「失去對母親的尊敬，會頂嘴，然後掉頭走開」，同時也「感到內疚，因為愛她」，然後她會「在心中與自己理論……我把對父親的恨意轉移到了提姆身上……內疚說也許我應該再給提姆一次機會……但我受夠了。這就像是懲罰自己。我道歉後就離開。」我問她：「妳是不是要母親在提姆的惡行與妳的沮喪之間做出選擇？」她點點頭說：「是的。」

　　我問起她的朋友。她已經在前一年高中畢業，但還住在家中，而她的七個好朋友不是出國，就是離開奧克蘭到外地唸書或工作。我安排三週後與崔西再次會談。

　　我找出了她的建議信，加上這張短箋。

親愛的崔西，

　　我想我要回報妳的恩惠。我想不出比妳自己的建議還要更好的建議了。聽取自己的建議，妳就成為自己的諮商師，如此將使妳的諮商更有分量。我想可能是因為妳的知心朋友都離開了，妳不知道還有什麼人可以推心置腹。妳心中的恐懼就在這脆弱的時候捲土重來。

　　要是妳的沮喪一直沒有消退，請一再閱讀妳自己的信。崔西瑪麗很清楚自己的看法。

　　祝妳能找回應得的快樂。

　　崔西打電話來取消了我們下一次的預約。她說她回家與「媽咪討論了一切事情」，這似乎解除了她對母親與弟弟的擔心。她說她也開始對一群新朋友吐露心聲。她的沮喪消失了。

擺脫「追求完美的詛咒」【註八】

　　卡蘿琳打電話給我，有點不情願地告訴我，她與丈夫東尼對十一歲女兒瑪麗莎的問題。這幾年來，瑪麗莎在家庭作業上花去過多時間，現在已經到達了幾乎難以收拾的地步。瑪麗莎要求自己每天做六個小時的功課，週末則要做七個小時。她做的一切都必須十分完美，並且要求卡蘿琳督促。如果卡蘿琳沒有完美地參與，瑪麗莎就覺得自己有權去踢或辱罵母親來要求她。我（大衛・艾普斯頓）診斷出一種詛咒：「追求完美」。我說如果不去挑戰，這種詛咒將是無期徒刑。我說出我寧願在監獄裡坐五年牢，至少時間到了就可以出獄。詛咒的無期徒刑是永遠沒有解脫的一天。

　　我與卡蘿琳、東尼、瑪麗莎、九歲的邁可與四歲的蕭恩見面。每次當卡蘿琳或東尼想要描述他們的擔心時，瑪麗莎就會指正他們，直到我糾正她，很直接地告訴她，我想要聽她父母的意見，而當我想要知道她的意見時，我會

「問題是她停不下來，這才是我的壓力。」老師聽了一臉茫然。你可以從成績單上看到我必須維持的標準。

接下來是祕密會商的紀錄，卡蘿琳與東尼同意公開出版：

十三號星期五

我跟瑪麗莎沒有談到與大衛・艾普斯頓的會談，她整天都在寫功課。到了晚上七點，彷彿她突然明白了狀況，她把我（卡蘿琳）推到牆角，尖叫道：「妳不能簽署那份文件。我答應妳，只要妳幫我寫這個功課，我永遠都不會再要求妳了。」她非常驚恐，對我大發雷霆。我抓住她的手臂說：「我會簽，就是這樣了！」我感覺想哭，但沒有哭。稍後我還要去參加聚會，通常我會累得無法再面對其他人，然後打電話說無法參加。但是有幾個朋友知道我的問題，想要了解我與大衛的會談結果，我也覺得可以告訴她們實話（多年來我一直在隱瞞）。她們都很支持我，瑪格麗特願意讓我暫住她的小屋，只要我想要休息幾天。那天晚上每個人都給出很正面的意見。

我的想法是我終於跨出了第一步，事情會越來越好。

我回家時，瑪麗莎問東尼能不能睡在媽咪的床上，東尼說：「不行，今晚我要跟媽咪睡。」她回去睡她自己的房間了。

十四號星期六

我剛醒來，瑪麗莎就過來說：「妳能不能帶我去店裡買硬紙板來做我的報告封面，媽？」我說：「我不要再幫妳做功課了。」她說：「哦，妳還是可以幫我的。」我想我可以說我要去辦事，於是給了她錢，要她自己去買硬紙板。

邁可發了一點脾氣，因為他想端著滿滿一碗粥走過看電視的房間，我說：「不行，你會灑到地毯上。」他不肯聽話，還是走了過去。所以我把那碗粥倒進狗的飯碗中。邁可非常生氣，咬了我一口，還拿文具威脅我；我打了他屁股，他很傷心地離開了。他看了一會兒電視，然後騎腳踏車出去，看到有個朋友要去游泳池，就跟著去了。邁可後來就沒事了，一整天都很高興。

東尼與我討論如何讓瑪麗莎獨立做功課，我告訴東尼，如果瑪麗莎禮拜一沒寫好功課，我會很焦慮。在學校的懇親會上，我聽見老師說如果逾期交作業，分數會受到影響。雖然我沒有對瑪麗莎表達這種焦慮，但是真的很困難。我想東尼應該檢查她的進度，告訴她還有多少時間可以完成作業。東尼同意了。我讓東尼與瑪麗莎一起做作業，然後走到街角請羅德·韓森幫我寫一份文件，解除我對瑪麗莎家庭作業生活方式的所有責任，並把責任都交給東尼。羅德非常樂意協助。

我回家後，瑪麗莎很不高興，因為我出去沒告訴她。

我想我出去了一小時。當我告訴她，我是去找羅德時，接著，天下大亂了！她用言語與身體攻擊了約我一個小時之久：「我討厭大人。我願意付出一切，只要妳別簽那份文件。只要別簽，我保證一切都會變得很好。我討厭我們去見的那個人。等我長大後，我只要住在一間大屋子，養很多很多狗——沒有任何大人。爹地無法幫助我做功課——他太笨了。媽咪最能幫助我。我要去自殺。妳不關心我。妳不愛我了，妳只關心妳自己。」

實在很難，但我有內在的力量，絕不改變自己的做法。大衛說：「你們準備好迎接一場革命嗎？因為這會是一場革命，而革命總是帶來痛苦。」著實是一點也不錯！

十五號星期日

我還沒起床，瑪麗莎就開始做功課了。她沒有說早安，對我很冷淡，這是可以理解的，但我不介意——我有一些空間了！瑪麗莎自己做了玉米片粥吃，通常她會叫我幫她端過去，我總是因為怕她不高興而照做……

昨晚一個朋友打電話給我，建議我可以去她的小屋暫住。瑪麗莎聽到談話，對我說：「妳告訴全天下，好讓妳的朋友為妳感到難過。」我說：「不，我沒有告訴全天下，有些朋友是可以分享所有問題的。」她沒有回答。

瑪麗莎用簽字筆在廚房一處寫了「幹妳的」，她真的非常生氣。早上我用清潔劑洗掉了，知道這是她的工作，

只要敲敲門，她就會跑下來清理。

住在我們家的客人菲爾說他注意到她昨晚試著清理。所以到了九點多，娜娜敲門時，菲爾看到瑪麗莎驚慌地衝入廚房，想要找東西遮住她寫的字，菲爾很聰明地告訴她，他已經清掉那些字了。

邁可問娜娜隔壁的橄欖樹有多老。瑪麗莎說：「沒有媽媽老。沒有東西比媽媽還要老。」她恨死我了。我沒有理會。娜娜責備了她。

我打算下午去拜訪朋友，告訴瑪麗莎我要出去。她說：「我也要去。」通常我會同意，但我說：「不行，我要自己去。」

我回家時，東尼與邁可在下棋，蕭恩與鄰居父子出去散步，瑪麗莎在做功課。她一整天都對我很冷淡，但我不介意。晚餐後她又發了一頓脾氣，我沒有提起這個話題，她一直說：「我不要妳簽那文件。妳破壞了我們的快樂家庭。我願意把我的錢都給妳，只要妳不簽那文件。妳可以賣了電視，也不要簽那文件。妳破壞了一切。我不要再回去見那個醫生了，我恨他。」她又罵又推又打我約一個小時，直到東尼的女兒瑪麗蓮來了。瑪麗莎衝回房間中，沒有再出來。我進去吻她道晚安時，她已經睡著了。

邁可也發了一頓脾氣，他充滿了憤怒，就像昨天一樣，這次他要端著一盤烤豆經過電視房，我說：「不行，灑出來會弄髒地毯。」他也攻擊我，拿簽字筆丟我。他沒

有再吃烤豆，哭了一陣子，上床時又很快樂。

十六號星期一

　　瑪麗莎在廚房對我說：「妳讓我的肚子很難受。」我只是說：「哦？」她又去做了功課，然後自己弄了早餐，通常她會叫道：「媽，幫我弄早餐！」而我會順從。我去花園摘了芹菜與蔥，為她的烹飪課做準備，也用衛生紙包了一個蛋。她拿起來放入一個容器，連聲謝謝都沒有。她要東尼送她上學，因為快遲到了——通常她會叫我送她！我說：「要不要吻我道別？」她轉身就走，幾分鐘後又回來吻了我，我也吻了她。

　　我寫了以下的回信：

親愛的卡蘿琳與東尼，

　　謝謝你們的紀錄。誰會想到你們這麼快就有如此進展？瑪麗莎的家庭作業生活方式已經失去了主要的支持力，我想你們可以預期這對她的影響力也會減弱。那時候她才會開始與不強求完美的人交朋友。

　　卡蘿琳，妳在信中清楚說明了妳的僕役訓練。我希望接下來幾週妳能重新斟酌為他人而活的想法，考慮更為自己而活。妳的生命到目前為止都是在付出，難道現在妳不應該得到回報，要求他人付出嗎？

我要讚美你們在自己家庭中掀起革命的這份勇氣。不，這並不容易，但要比你們預期的簡單。還有，我可以保證在新規矩下，你們的孩子會快樂許多。

保持聯絡。

祝好！

大衛·艾普斯頓

後來又寄來更多的祕密紀錄，還有卡蘿琳改寫的〈獨立宣言〉。

十六號星期一

今晚瑪麗莎獨立寫功課。她在起居室裡寫，而不是像平常一樣坐在飯廳的電視前。

她要東尼出去幫她買修正液。稍早我已經告訴東尼，如果她需要修正液、硬紙板或膠水什麼的，應該用她自己每天的四塊錢零用錢買。東尼說：「我才不要在這時候去商店。」那時候已經六點了，他才剛回家。「要花多少錢？」她回答：「兩塊錢。」「能用多久？」她回答：「六個月。」想了一想又說：「四個月。」事實上她從二月起到現在就用了一整瓶。她沒有繼續提出她的要求。

晚上瑪麗莎自己一個人做功課；她從五點鐘開始就一直做，現在已經八點了。她一直做到十點。

我們討論週末全家一起出去，不知道是否應該事先告

訴瑪麗莎，讓她可以抽出時間。我想事先告訴她比較公平，但東尼不同意。他覺得這樣過於遷就了她的家庭作業生活方式。

十八號星期三

昨天瑪麗莎七點就起來做功課，自己弄早餐，走路上學。東尼買了修正液與一本她作業需要的雜誌。東尼回家後，瑪麗莎謝了他兩次。

我開車送她參加課後的戲劇班，接她時她說大家都很難過課程要結束了，她很喜歡戲劇班。

她從六點到十點都在做功課。東尼決定在房間裡陪她。

瑪麗莎給東尼看老師寫給她的字條：「不要為家庭作業這麼做，因為妳有點被困住了。」

我早上犯了一個錯誤，她昨晚要我早一點叫她起來，我在七點叫醒她，她說：「我沒時間吃早餐了。」

我們應不應該為她準備鬧鐘？東尼說：「不，她要學習，如果想要早點起床，就必須早點上床。」今天他會與瑪麗莎談這件事。

十九號星期四

今天瑪麗莎在電視前做功課。邁可跟她擠在沙發，不久就吵了起來。我告訴她，她不應該在電視前做功課。於

是她把作業帶到走廊，跑到邁可的床上。稍後卡蘿琳去抽
屜找筆記，卻發現不見了。她立刻知道是瑪麗莎拿的。瑪
麗莎承認了，說她把筆記都燒了，其實沒有。她說：「你
們永遠拿不回去。」她必須把作業拿回房間，因為邁可
要上床了，於是我拿走她的部分作業說：「等妳把筆記還
給我們後，妳才能拿回妳的作業。」然後她說：「我才
不在乎作業，你們拿不回筆記了。」我生氣就打了她，這
是反射動作，我應該給她機會想一想。後來，筆記很快就
出現在她的門口。我把她的功課還給她。後來她關上燈睡
覺。卡蘿琳與她好好談了一會兒，瑪麗莎摟了她。我與她
親吻道晚安時說：「我很抱歉打了妳。」她說：「原諒你
了。」

　　卡蘿琳也把她的〈獨立宣言〉寄來，日期是次月的六
日。

　　當人民需要解決某個問題時，要先說清楚促使他們採
取行動的原因。

　　人生而平等，擁有生命、自由、追求快樂的權利。當
任何情況影響這些需求時，人民有權利改變與革除錯誤，
以合乎安全與快樂的基礎來建立新的制度。

　　當我的權利受到持續的侵犯時，我有權利與責任擺脫
這些侵犯，建立新的平衡秩序。我一直耐心忍受我女兒的

指使，後來決定尋求家族治療師的幫助，來改變這種情況。

　　為了證明這種情況，僅提出以下的事實：我自己只有很少的時間，因為我必須時時幫助瑪麗莎做功課；我必須為她端上飲料與食物，這樣她做功課才不會受到打擾；我必須購買大量的紙張，因為在她追求完美的情況下，使用了成捲的紙張；我必須負責確保她準時完成作業接受評分；我必須撿起掉落的書籍；我必須花好幾個小時幫助瑪麗莎寫作業，因為她必須維持好成績；放學後我必須前往三所圖書館，尋找正確的參考書。我對於帶瑪麗莎外出會感到不自在，因為她無法放輕鬆，常常抱怨感到無聊，要求早點回家好做功課。我必須熬夜幫她寫功課，然後早上起來安慰她，因為她哭著說功課還沒寫完。如果我感覺不舒服，就會被說我一直為自己難過。我必須忍受她的攻擊，看到她對弟弟的蠻橫，只因為他不小心踩到她的作業，或碰到了她的椅子。我容忍她抱怨不喜歡我為她準備的食物：「我不要吃這些三明治。妳放進去的紙袋裡有碎屑。」我必須不停聆聽對於「媽咪」的要求。我必須忍受所有我的請求都被拒絕。要是花太多時間才達成瑪麗莎的要求，我就必須忍受她的無禮，例如我在後門打開的時候敲了前門，她就會用臭臉迎接我，還附帶一句話說：「妳應該把鑰匙放回窗檯上。」我必須滿足她對情感的要求，特別是當她發怒後要安慰她。我必須忍受她糾正我與朋友

之間的對話。

　　因此我在此宣布我有獨立、安全與快樂的權利，堅持多為自己著想，而不是服侍他人，讓瑪麗莎能從強求完美的詛咒中解脫。

卡蘿琳・史托瑞

　　我們約好一個月後見面。瑪麗莎戴著太陽眼鏡前來，決心不參與我們的對話，卡蘿琳與東尼則很興奮地描述我們第一次會談後，這段時間所發生的事情。接下來是這次會談的錄音摘要：

大　衛：你呢，東尼？你覺得這個革命如何？這是一次很
　　　　短的革命，是不是？兩天內就推翻了家庭作業的
　　　　生活方式。你的經驗如何？

東　尼：喔，就像卡蘿琳一樣。有幾次我生了氣，真的很
　　　　生氣，但幾天後就過去了，事情開始不一樣了。

大　衛：你能不能描述給我們聽聽，讓其他人可以借鏡？

東　尼：我感到很氣餒，就像是（聽不清楚）……她改變
　　　　了很多。

大　衛：你能不能告訴我她如何改變？好讓其他的父親能
　　　　夠觀察同樣的改變。你看到了什麼改變？是她的
　　　　行為還是她的外表？

東　尼：嗯，我想最近她看起來比較好，也比較不具攻擊

性，能接受事情，就像如果要求她去做什麼事，她比較會接受。整體說來她的態度與行為都好多了。

大　　衛：東尼，你與卡蘿琳現在不用為瑪麗莎的功課爭執，你們的關係變得如何？

東　　尼：我們的關係比較好了。

大　　衛：一定有很多緊張的時刻……

卡蘿琳：我與東尼會起爭執是因為當他想要阻止我過度參與時，我會認為他在干預。

東　　尼：是的，我們會以爭吵收場。

大　　衛：我想這就是家庭作業生活方式的影響——使父母對立。現在你們不再為家庭作業習慣而對立了吧？

卡蘿琳：東尼一直要我一起做一些事情，像是要我去看某個電視節目。

大　　衛：所以東尼想要卡蘿琳參與你的生活？

卡蘿琳：我還不習慣，所以會有點疏遠……過去幾個月我都沒時間聽東尼說話。我太累了。

大　　衛：你是否覺得現在卡蘿琳與你比較可以連結，這會讓你在某種層面上比較能夠脫身？

東　　尼：是的，我們現在比較輕鬆了。我是這樣認為。妳呢？

卡蘿琳：是的，好多了。

大　衛：告訴我，寫出妳的獨立宣言，是否幫助了妳的成
　　　　功？

卡蘿琳：我覺得閱讀它比寫它還有幫助，因為我會思索，
　　　　所以很有幫助。我不知道自己寫得好不好，但我
　　　　覺得寫下那些事情對自己很好，所有促使我來找
　　　　你的那些原因，我能夠回憶那些事情。

　　卡蘿琳與東尼也幽默地提供了一篇文章，名稱是〈拜
託，先生……我盡了全力〉，由《紐西蘭先鋒報》（*New Zealand Herald*）的桃樂絲・科普所寫：

　　稍後就有了家庭作業。父母是多麼喜愛家庭作業：帶
孩子去圖書館，查詢百科全書，尋找圖片與資料。「你兒
子的上一次作業，你幫得如何？」這是子女在同一班上課
的父母共通的話題。「喔，我得了一個甲。」「很好。我
們只得了乙上，但我這個禮拜開了太多會議。」「嗯，我
要卡爾請求延後一週交作業，因為我感冒了。」只有最粗
心的父母才會讓他們的孩子自己寫作業。

　　他們覺得其他家庭也許會覺得這篇文章有用處，後來
果真如此。
　　我在一個月後打電話給他們，得知瑪麗莎不再為讀
書、寫作業感到煩惱與憤怒。她和弟弟之間沒有進一步的

問題。卡蘿琳發現很難克服自己的操心，但現在很後悔沒有早點採取行動。瑪麗莎已經不再抱怨她簽署了「那個玩意」，卡蘿琳想不起自己最後一次抱怨是什麼時候。婚姻關係也有所改善，現在全家人能夠一起外出，一個月來已經出去過兩次。

數週後，經過一些討論，卡蘿琳同意擔任瓊斯夫婦的顧問。卡蘿琳與瓊斯太太約時間見面，告訴她關於他們家中的革命（Epston, 1989），九個月後，卡蘿琳做出以下摘要：

現在很難回想起瑪麗莎以前有多惡劣……事情有多糟糕。很難想像現在是如此不同。她仍然會做功課，但已經不在乎是否做得完；以前在十一點之前我根本無法叫她上床，她會在翌日七點鐘哭著醒來。現在她已經不再緊張，與弟弟也成為好朋友，常常坐在一起談話。他們會如此融洽，是因為我對瑪麗莎採取行動，我帶他們來看你。他們的友誼逐漸發展。以前瑪麗莎對她弟弟與我都充滿恨意，如果功課沒及時做好就怪我，她弟弟做什麼都被罵，然後她又把恨意轉移到父親身上，但現在都沒事了。現在她會接受現況，而不會辱罵我……過去我是如履薄冰。現在的她很不一樣，更輕鬆自在，也更外向。她結交朋友，到朋友家過夜，也去參加學校的露營。以前她不會這麼做，因為擔心要吃不同的食物。她以前總是要我在她的身旁。

現在她開始迎頭趕上過去這些年來錯失的所有遊樂時間。現在她是個正常的女孩，顯然快樂多了；以前的她充滿擔憂、愛哭、亂發脾氣，耗盡力氣，現在的她不再對自己這麼嚴厲。以前的她覺得自己什麼都不夠好，現在則停止過度地清潔自己、洗腳與拖鞋。一切都停止了。我感覺很棒。剛開始幾天很困難，但很快一切都輕鬆多了。現在我可以面對生命中的其他問題。這是很有淨化效果的一年。我以前躲藏在瑪麗莎的問題之後，很怕外出，因為她會在公共場所踢我，想要回家。現在情況完全改觀，她想要待在外面。

東尼與我的關係也大幅改善。我們以前會為瑪麗莎的問題怪罪彼此。現在我會向朋友求援，以前我只會躲避他們。

卡蘿琳也把她的關切告訴了學校。結果當學期結束舉行頒獎典禮時，瑪麗莎被叫上台去，得到一個特別獎，獎勵她「虛心地參與課程活動，以及關心同學」。瑪麗莎很謙虛地接受了這個獎。

【註一】切欽（Gianfranco Cecchin, 1987）在討論系統治療時，提出了「多重聲音」（polyphonic）的取向，並鼓勵多重性（multiplicity）。

【註二】治療師是大衛‧艾普斯頓和艾琳‧史旺（Eileen Swan），

這發生在奧克蘭萊斯利中心。

【註三】 共同作者為雷斯利中心的治療師瑪麗·安德伍德（Mary Underwood）與大衛·艾普斯頓。

【註四】 【編註】根據黃素菲博士的《敘事治療的精神與實踐》（2018，心靈工坊），敘事治療領域的作者在行文時經常使用「前來拜訪我的人」（the person who come to visit me）稱呼一般稱之為個案／當事人的人，故該書將前來諮商者稱為「來訪者」。在本書中，若是在談論敘事治療的語境和文脈中，亦採用「來訪者」的用法，但若在論及主流論述或其他治療典範之脈絡下，則維持「個案」或「當事人」的稱呼。

【註五】 由奧克蘭萊斯利中心大衛·艾普斯頓和強妮拉·柏德（Johnella Bird）共同創作。

【註六】 在此所呈現的信件是所有寄給保羅與他父母信件的其中幾篇。

【註七】 由傑·哈肯尼斯（Jay Harkness）與大衛·艾普斯頓共同執筆

【註八】 由卡蘿琳·史托瑞（Carolyn Storey）、東尼·史托瑞（Tony Storey）與大衛·艾普斯頓共同創作。

【第四章】
反對性文件

　　文件是個載具，依據某一專業建立的道德標準，展現作者的價值。因此，文件固然塑造了主體的生命，也塑造了作者的生命。

如果這個世界裡，語言真的在界定和建構人的過程中扮演重要的角色，如果文字真的在這方面起了很大的作用，那麼，我們就必須仔細考察現代文件及其在重新描述人們的過程中所擔任的角色。

當代文件的通行和優越地位反應出一個事實：大家越來越依賴文件判定人的價值。譬如，應徵工作時，標準做法就是求職者先準備文書資料提供資方審核，然後才是面談。因此，資方是以文件審核而不是直接接觸來斷定應徵者的價值。由此可見，文件在許多情況下對於人們生活的影響可以說是「先於人，甚至阻礙人。」

在專業領域，文件可以達成不同目的，而不只是呈現文件及其作者的主體和「自我」。大部分專業文件，主體都是人在接受評估或不得不接受評估，文件的作者擅長於某種專門知識的修辭。這個領域發明了一些描述性詞彙，大家也公認這些詞彙是這個領域的資產。文件的作者則任意堆疊這些詞彙，完成文件。這些描述性詞彙「定義」了文件的「主體」。

這些文件可以獨立於作者及其主體存在。哈爾（Harre, 1985）研究精神醫學「檔案會說話」（file-speak）的做法時，發現精神醫療文件其實就是精神醫療檔案，自有它的生命：「檔案存在於社會，有一道穿越社會的拋物線。這一道拋物線很快就會使檔案擴大到主體本身之外。」（p.179）

檔案的生命透過「重新謄寫」（retranscription）的過程得以延續；人們的生活經驗在其中透過修飾，轉移到專家知識領域。人的語言在這裡轉移成「正式語言」（official language），人們以平常語言對問題所做的描述，被轉移成正確的診斷，從「覺得很痛苦」轉移成「表現極低的情緒」，一直到再也看不到最初呈現的狀況。哈爾研究這個「重新謄寫」過程中的兩個步驟，也就是專業工作者之間互相通信討論病人的步驟，發現：

> ……重新謄寫的兩個過程嵌進檔案的彈道之後，形成了一種「分散」。（人）抱怨的意義隨之失落在這種分散中。經過這兩個過程，如果再回到人們的語言，很難再找到當初人們抱怨的軌跡。（p.179）

　　當代文件除了在重新敘述和呈現文件主體方面扮演這樣的角色之外，還在很多狀況下扮演了更重要的角色，那就是呈現作者的自我。文件是由一套詞彙塑造而成，這套詞彙將在讀者心目中留下「作者在某一狀況下……的性格與道德感」的印象（Harre, 1985）。因此，文件是個載具，依據某一專業建立的道德標準，展現作者的價值；文件固然塑造了主體的生命，也塑造了作者的生命。

　　在科學學科上，詞彙製造出「作者擁有客觀而獨立的

……負起形塑自己的責任，並且保持真實與正直。在他們自己眼中，或擴大一點來說在所有觀察者眼中，他是在對自己的形象行使權力。這個形象有時候是他們生活中唯一可控制的部分，但這絕非小事；因為這可能會使他們了解到自己的力量，在意識運作時還會成為快樂與理解力的源頭。（p.100）

證書

以下幾頁是一些稱讚新故事的文件。譬如，我們呈現了幾張和受獎者一起製作的獎狀。讀者應該會注意到這個發展過程，也注意到最後會有一張證書明確地邀請受獎者實行新意義，也邀請觀眾觀看這次的獎賞。有時候，受獎者自己會很熱心地尋找治療中沒有提到的觀眾。譬如，我們就發現小朋友會把他們已經克服恐懼的證書帶到學校，熱心尋找需要克服恐懼的小朋友或者已經領有馴魔收驚師證書的小朋友。

杜維曲中心
南澳大利亞阿德雷德市卡靈頓街
（08）2233966

馴魔收驚師證書

　　茲證明_____小朋友已經接受完整的馴
魔收驚訓練計畫，現在是完全合格的馴魔收驚師，可以
協助其他被恐懼所困擾的小朋友。

日期：_____年_____月_____日

簽名：_____

　　　麥克‧懷特
　　澳洲馴魔收驚協會會長

狡猾的尿尿痊癒證書

　　茲證明_____已經將狡猾的尿尿至於妥善之處。

　　_____已經反制了狡猾的尿尿。狡猾的尿尿已經離開他。

　　他現在已經不再泡在尿裡，而是沉浸在榮耀中。

日期：_____年_____月_____日

簽名：_____

麥克・懷特

掙脫狡猾的便便證書

　　茲證明＿＿＿＿＿＿＿的生活已經脫離狡猾的便便的掌握。現在是狡猾的便便在＿＿＿＿＿的掌握中。他可以把狡猾的便便放在它所屬之處。

　　以前，狡猾的便便使＿＿＿＿＿生活混亂不堪，到處亂跑，甚至想欺騙＿＿＿＿＿是它的玩伴，使他曾經有一段艱難的時光。

　　但是現在＿＿＿＿＿的生活不再混亂。狡猾的便便不再能為他製造艱難的時光，也無法再欺騙他。

　　如果有人想知道＿＿＿＿＿怎樣脫離狡猾的便便的掌握，可以問他一些問題。

　　　　恭喜＿＿＿＿＿！

日期：＿＿＿＿年＿＿＿＿月＿＿＿＿日

簽名：＿＿＿＿＿＿＿＿＿＿＿＿

　　　麥克・懷特

注意力證書

　　茲證明＿＿＿＿＿＿＿＿已經能夠控制且加強了自己的注意力。他因為做到了這一點，因而發現自己比較受人歡迎。

　　＿＿＿＿＿能夠改善自己的注意力到這種地步，連他自己都感到驚訝。別人都很驚訝＿＿＿＿＿現在做事能夠這麼專心。閱讀這張證書能夠幫助他們了解這到底是怎麼一回事。

日期：＿＿＿年＿＿＿月＿＿＿日

簽名：＿＿＿＿＿＿＿＿＿＿＿

　　　　　麥克・懷特

與壞脾氣分道揚鑣證書

　　茲證明＿＿＿＿＿＿＿＿＿已經與壞脾氣分道揚鑣。
這種壞脾氣使他捅了很多漏子，也讓別人很難受。
　　＿＿＿＿＿＿很樂意告訴別人他已經替這種壞脾氣上
了一課，現在這種壞脾氣已經知道他不會再容許它讓任
何人難過。
　　為＿＿＿＿＿＿歡呼三聲！

日期：＿＿＿年＿＿＿月＿＿＿日

簽名：＿＿＿＿＿＿＿＿＿＿＿＿＿

　　　麥克‧懷特

遠離痛苦證書

　　茲證明＿＿＿＿＿＿＿＿＿＿已經轉身離痛苦而去。

　　她已經開除痛苦這個伙伴，完全認識痛苦一向很需要伙伴，也靠伙伴而活。

　　本證書要提醒＿＿＿＿＿＿和其他人，她現在是適合快樂，不適合痛苦的人。

日期：＿＿＿＿年＿＿＿＿月＿＿＿＿日

簽名：＿＿＿＿＿＿＿＿＿＿＿＿＿＿＿

麥克・懷特

遠離罪惡感證書

　　茲證明＿＿＿＿＿＿＿＿＿已經克服罪惡感。

　　罪惡感現在已經不在她的生活占有優先地位。現在在她生活中占有優先地位的是她自己。她現在不屬於罪惡感，而是屬於自己。

　　本證書要提醒＿＿＿＿＿＿和其他人，她已經辭去了擔任他人生活超級負責人的職務，她不再那麼脆弱地老是接受別人的要求，去在意他們的生活，而把自己的生活丟在一邊。

日期：＿＿＿＿年＿＿＿月＿＿＿日

簽名：＿＿＿＿＿＿＿＿＿＿＿＿＿＿

簽名：＿＿＿＿＿＿＿＿＿＿＿＿＿＿

麥克‧懷特

戒除壞習慣證書

　　茲證明 _____ 已經阻止壞習慣再度影響他。

　　他現在已經很了解怎樣才能戒除壞習慣，所以凡是想戒除壞習慣的小朋友都可以向 _____ 要求協助。

　　_____ 每次看到這張證書都會感到自豪。別人每次看到這張證書，也都會了解他做得很好。

　　恭喜 _____ ！

日期：_____年_____月_____日

簽名：_____

　　　　麥克・懷特

見證：_____

特殊知識證書

　　茲在此宣告 _____ 經確認，確實對自己的需要及創造豐富未來的必要條件擁有特殊的知識。

　　所有有幸目睹此項成就的人都認為，她的成功是透過極大努力克服逆境而獲得的。

　　她成為自己的顧問這個事實，預告了她會和自己建立良好的關係，並充分欣賞自己的智慧。

　　現在頒發此項證書以褒揚 _____ 的成就，俾使未能目睹其成功獲取此特殊知識的人士，亦能了解 _____ 一家產生的變化。

　　本證書亦同時宣告 _____ 已經準備回答，亦歡迎詢問類似下列之問話：「你現在能夠接受自己的勸告，真是令人耳目一新。你是怎樣回歸自己的生活的？」「你是怎樣才開始信任自己的權威，依賴自己的權威，而不依賴他人的權威？」「你現在已經有機會自己處理問題，擁有在生活中解決問題的能力。這會使你家庭的未來發生什麼變化？」

　　本證書自 _____ 年 _____ 月 _____ 日生效。

　　　　簽名：_____

　　　　簽名：_____

　　　　麥克・懷特

宣言

獨立宣言【註三】

今年十四歲的丹尼爾在十歲時罹患氣喘。他最早是因運動引發哮喘而於一九八四年九月在奧克蘭醫院診斷出慢性不穩定氣喘。他在醫院住了一個月，後來由一家小兒科氣喘診所持續追蹤。一九八六年九月，他又因為氣喘急性發作而住院，差一點死掉。一九八七年四月因為氣喘發作失控，家庭醫師和父母努力救治都沒有用，醫生認為，他已經接受以他的年齡而言用最多藥的慢性氣喘治療了。現在他們最擔心的是他病情的不穩定，隨時都有可能發作致命，必須盡一切代價防止，於是將他轉診到家庭治療。

丹尼爾看起來比實際年齡小。我直接問他問題，他覺得很奇怪，必須讓父親或母親幫他回答。我問他對氣喘了解多少，他似乎很疑惑，然後承認不了解。我問他：「如果照顧你的氣喘算是百分之一百，你自己做了多少，你的父母又做了多少？」他還是沒辦法回答，只好把問題轉給父母。我堅持他自己回答，不久他開始搖頭。他父母笑了出來，因為他們太清楚答案：「我們做百分之九十九，他自己做百分之一。」

我嘗試將「氣喘」這個問題外化為迂迴狡猾的作怪者。我問了他關於氣喘的經驗。他描述自己是漫不經心、不注意、中了埋伏。他一感受到自己不公平的處境時，變

得十分健談，他說姊姊塔娜（二十二歲）曾告訴他怎麼做，他也知道如何處理。我把塔娜的傳授重新定義為「心理控制」（mind control）。

他的父母告訴我，因為丹尼爾自己沒辦法按時吃藥，又不記下最大呼吸量的時間，所以他們很挫折。我透過問話發現，這對父母越來越讓孩子依賴，而丹尼爾則越來越依賴他們，而這兩者是有關連的。但是由於他的生命隨時有危險，他們也不敢冒險。下面這一封信是一次新的描述，控制氣喘病的必要在這裡有了全新的意義：

親愛的賈姬、亞瑟、丹尼爾：

丹尼爾，在我看來，你的氣喘病狡猾又迂迴。相對的，你在我看來卻開放、自然、信任他人，不會瞎猜疑。每次氣喘發作，你就隨它搞怪，平常好好的時候，你又漫不經心，完全不提防。所以當最後你發現氣喘向著你走過來時，這個病已經整個控制了你。就某種程度而言，你是中了埋伏，難怪你的父母親要這麼辛苦照料你。氣喘病發作時，你總是半路才出現。那時候你已經落後十分了，當你想對它用心理控制法的時候肯定來不及，想用「進來，坐下放鬆」來防禦也一樣。塔娜教你的這個方法只有在你先對自己預警的時候才有效。你一直依賴父母親對你提出預警，但是他們卻需要你先提出預警。最大呼吸量就是主要的偵測方法。

我們都同意進行下列計畫：

1. 不要在病情一好轉就忘記自己的氣喘病，你同意要多注意。另外一個方法，是說服氣喘不要這麼迂迴狡猾，要尊重你的成長。但這個方法希望不大，你的氣喘病很卑鄙，如果你不想再那麼依賴類固醇，就要用自己的計謀把這個搞怪者騙回去。你同意對自己的氣喘病進行偵測任務，找出它發作的方式和途徑。這只是第一步。你自己認為最好的方法是：每天測六次最高呼吸量，然後記在自己的祕密筆記本裡。冰箱上面那一張圖表將會取下來。賈姬和亞瑟如果擔心的話，可以要求丹尼爾讓你們看筆記本。丹尼爾，只要氣喘有發作的跡象，你同意把任何蛛絲馬跡記下來。如果你沒有做，你父母會幫你。

2. 這一次實驗還有另外一面。丹尼爾，你同意負起照料自己病情的責任，不再因為你信任他人的天性而要求你父母擔這個責任。這次實驗的目的是要你多了解自己的朋友（藥品），這個朋友當然是氣喘病的敵人。

3. 你要和艾醫生見個面，問清楚依賴類固醇和其他藥物的副作用。去之前，先把問題寫下來，免得忘記。

祝你好運！

麥克・懷特

後來的會面，丹尼爾的父母沒有辦法來，因為他母親緊急住院，診斷出患有致命的疾病。她現在有自己的仗要

打。我在電話上討論了這一點。丹尼爾來會面時，帶了一整袋的醫療宣導小冊。那是他和艾瑟醫生見面以後收集的。他只住院三天，早已久病成良醫，現在開始擔起照料自己的責任，非常熱心地記錄自己的病情。

親愛的丹尼爾：

　　你確實已經慢慢了解氣喘病。正如你說的，「我已經比較了解藥物的作用，譬如鬆弛劑有什麼好處，能夠讓我輕鬆呼吸。」我看到你在看書，覺得很有意思，好像你已經開始追求氣喘專家生涯一樣。

　　如果你認識丹尼絲·高登【註四】，你會更朝這個方向邁進。丹尼爾，只要你多了解氣喘病，它就無法愚弄你。

　　丹尼爾，你已經把住院日期從兩個禮拜降到三天。你現在都能夠按時吸噴入劑，不會忘記。正如你說的，你現在打的是整場球賽，你的積分越來越高，氣喘病則越來越低。你照料自己的病情，「卸下了父母心中的負擔」。氣喘病不再能夠輕輕一推就把你推倒。你說氣喘病現在會這麼看你：「那個傢伙現在開始小心了，我現在得小心地防備他的詭計。」

　　當然，你也有一些計謀。你一直在寫祕密日記：「我可以密切注意它（氣喘），鎮定它的活動。它會告訴我它要去哪裡。」另外，你也測到了最高的呼吸量：470，難怪你這麼自豪：「我現在快多了——兩個禮拜變三天。」

氣喘病無疑地仍處心積慮要欺騙你，所以你還是要小心。

你父母了解你有這些進展，他們很高興你說到做到。

你想出以下實驗：

1. 多收集氣喘病知識，了解它的作用與方式。

2. 保持目前照料自己病情，按時吃藥的做法。

3. 實驗放鬆的方法。

4. 仔細解讀，希望最後能夠破解氣喘病密碼。

我期待與你見面。到目前為止，你告訴我你已經「大量地」、「很多地」、「百分之七十地」增進了「自豪」的心。有了這樣的進步，你願意更進一步嗎？

大衛・艾普斯頓

六週以後，我和丹尼爾父子再度見面。他們依照自己所定的「危機計畫」，對丹尼爾呼吸量讀數的「降低」有了迅速的反應。丹尼爾自己也擬了一個研究氣喘的科學計畫。下面這封信敘述了這次會面的情形：

親愛的亞瑟、賈姬、丹尼爾：

丹尼爾，你還是一直對氣喘病的計謀抱持警覺。因此，你能注意到自己呼吸量的「降低」，迅速採取措施，在發作失控之前就掙脫病情。亞瑟，你說「我們很快就讓他吸噴入劑」，也「讓他吃類固醇，但在類固醇控制住他

之前又迅速脫離。」丹尼爾，你一直在照料自己的病情。

亞瑟，正如你說的：「我們開始脫離它。」丹尼爾，你也一直繼續你「氣喘病專家」的生涯，而且越懂越多。以前，你對氣喘病毫無所知。我覺得你開始研究氣喘病是很有抱負的行動，我猜你日後還會學到更多。目前你的氣喘病知識已經包含下列三個項目：

1. 我知道什麼會引起氣喘。

2. 我知道什麼可以防止氣喘。

3. 我知道氣喘會玩什麼詭計。

你告訴我你的氣喘病知識已經增加了百分之五十。你覺得自己在「不這麼依賴父母」之下，有很大的成長。亞瑟，你說丹尼爾現在「家庭作業也做得很好」，我一點都不驚訝。他不需要管束自己，甚至從被管束轉變為懂得自我約束。丹尼爾，你建議自己「因為非做不可，所以就做」，使我感受深刻。你對氣喘病發作狀況的「解讀」也得到了回報。你現在可以不等它發作就把它處理掉。難怪從上次會談以來，你的「自豪」已經增加了百分之二十到三十。

丹尼爾，你同意負起責任進行下列任務：

1. 實驗你姊姊告訴你的放鬆方法。

2. 到圖書館借有關美國歷史的書，找出美國當年的〈獨立宣言〉，然後寫出自己脫離氣喘病的〈獨立宣言〉。

我期待再度和你會面。

賈姬，希望能夠見到妳，也祝福妳早日康復。我對妳的勇氣充滿敬意。

大衛‧艾普斯頓

六週以後，我們再度會談。這一次我的同事派瑞爾‧華塔，萊斯利中心的治療師，加入我們的會談。丹尼爾的氣喘病研究計畫吸引了他。這一項研究計畫甚至還進入了學校的比賽。期間他一次住院，為期四天，不過他仍然照料著自己的病情，測量最高呼吸量，做功課。最重要的是他已經開始進行起草〈獨立宣言〉的計畫。我想這件事應該很難，需要相當大的毅力。先研讀本文，接著閱讀註釋，然後應用在自己的狀況上。他讀給我聽的時候，文件本身的遣詞用句使他非常感動，他的朗讀也使我入神。下面這封信敘述這次會面的情形：

親愛的丹尼爾、賈姬、亞瑟：

丹尼爾，你在氣喘病專家生涯上已經有相當大的進展。你的氣喘病研究計畫達到相當高的標準，已經在學校的科學展覽參加展出。以前，你的氣喘病知識很淺，現在卻非常「深入」。做這樣的研究計畫使你有很多機會吸收並修正你的知識。我相信你現在所知道的一定是你自己想像不到的。或許你要過一段時間才會了解這一點。

沒錯，這次你又住院了兩天。可是不要忘了，你以

前經常一住就是兩個禮拜，這中間已經進步了百分之六十五。亞瑟，你卻說：「氣喘病又悄悄地走到了我們後面……，退步了好幾天……他退步很快。」丹尼爾，你說這百分之六十五的進步是因為「我以前根本不注意自己的病情」。亞瑟，你卻說丹尼爾：「又開始不小心。」不過，沒有人是完美的！

　　丹尼爾，我要你問自己：「氣喘病有沒有使我的腦萎縮？別人稱讚我的時候，氣喘是不是不希望我聽到，免得我變得很堅強？我期待自己衰弱還是成長？哪一個才是我人生正確的方向？衰弱的人和自我成長的人，氣喘病會喜歡哪一個？」

　　我對你的獨立宣言感受極為深刻。我在這裡附了一份給你。你應該把它裱框，掛在書桌前或床頭的牆上，想看的時候就看。

　　丹尼爾，照你父親的看法，你一直在家庭作業和照料病情方面持續你的自我管束計畫（「他家庭作業做得很好。」）

　　我還要你問自己：「你是否等到開始喘了，才練習放鬆？橄欖球隊如果等到要比賽了，才開始練球，可能打贏嗎？」

　　派瑞爾說他希望你知道他的頭沒有發脹，而是心擴展了。他要我感謝你跟他分享對自己新的了解。他的心擴展，完全是因為你的獨立宣言裡充滿了希望與堅信。

祝好！

大衛・艾普斯頓

獨立宣言

　　在人類的發展過程中，人們必須掙脫和氣喘病綁在一起的束縛，在人世的各種力量間，保持一種獨立而平等的地位，維持自然律與自然界的上帝賦予他與別人相等、正當、有能力的生活，不需要再提防氣喘病。我們認為真理不言自明：每一個人天生平等，造物主賦予每一個人完整的權利，其中包括生命、免於氣喘病及一切邪惡事物的自由、追求幸福，所以醫生和藥物才在這裡保護我們。人民有權利改換醫生或嘗試別種治療法，但是人民不應該對長久以來已經確認有效的醫生、藥品等事物做革命性的改變。可是人民有權利推翻沒有效的醫學、醫生、藥品。如果氣喘病是邪惡的，他們就有權利推翻。我現在要做的就是這件事。我要推翻氣喘病，做自己的主人。我選擇的是我自己認為對的事情，不是氣喘病認為對的事情。凡是氣喘病替我選擇、卻對我有妨礙的事情，我絕對不會做。氣喘病已經對我們做了很多壞事，造成了我們很多不便。

　　所以我在這裡很快樂地宣布，從此刻開始，我已經推翻了氣喘病的統治，掙脫它所有的束縛。

丹尼爾・布萊第_____，於一九八七____年__月__日，在紐西蘭_____市宣布。

本宣言由他的母親賈姬‧布萊第＿＿＿＿＿＿

與父親亞瑟‧布萊第＿＿＿＿＿＿見證

　　九週以後，我和丹尼爾父子再度會面。丹尼爾曾經面臨要健康成長，或因氣喘病而衰弱的抉擇，他選擇了前者為日後的生活方式。我們在這次會談中看到他放棄了「案主」（client）的身分，開始擔當其他患有氣喘病的小朋友的顧問。

親愛的丹尼爾、賈姬、亞瑟：

　　丹尼爾，你仍然繼續你的氣喘病專家生涯。常有人問起你的氣喘病研究計畫，「大部分時候我都能夠回答他們的問題。」你爸、媽對你自己照料病情很有信心，所以放心地到基督城旅行。你和塔娜處理了一次氣喘發作，結果安然無恙。換成以前，你很可能會放棄，但是現在，「因為我寫的筆記本」，你卻「馬上開始處理」。

　　至於成長或衰弱的生活方式，你選擇的似乎是成長。證據如下：

1. 你父母不在時，你選擇的是攻擊氣喘病。

2. 你在東灣學校跑步時，你爸爸亞瑟報告說你「半途開始哮喘，但是還是繼續跑……他跑過了他的哮喘。」因為這樣，他的時間進步了一分二十二秒。

3. 你的身體越來越強壯。這期間你的身高增加了三公分，

體重增加了一公斤。

你對六個月前的自己建議：

1. 「繼續記筆記是主要的事情……我都自己做。」亞瑟，
   你報告說，丹尼爾做的不只是記筆記而已，還「詮釋其
   內容。」

2. 研究氣喘病……我學習哮喘時還是跑完全程。」

3. 「及早行動。」

4. 丹尼爾，你說因為努力「了解自己」，所以對自己「稍
   微有了一點信心」，因為「自己做事情，而且成功」的
   關係。

丹尼爾，我不知道你是否已經準備好做顧問工作，所
以，為了評估你是否適合，請你回答下列的問話，寫下答
案，然後寄給我做評估：

1. 你和你的父母——誰比較適合照料氣喘病？

2. 「年輕人應該任由氣喘病擺佈，還是應該宣布自己的生
   活獨立，不受氣喘病的宰制？」

3. 年輕人如果想知道氣喘病會搞出什麼問題，他們會發現
   什麼東西？

亞瑟，你注意到丹尼爾變得很成熟。「他現在比較獨
立了……事情處理得很好……自己準備午餐……自己做功
課……自己修理腳踏車。」我也注意到他成長上的大躍
進。

丹尼爾，如果你當初向氣喘病投降，就會衰弱而非成

長；很懦弱，不堅強；很依賴，不獨立；絕望，而不是充滿希望；自卑，而非自信；無知，而非有知識；幼稚，而非成熟。丹尼爾，對我來說很明顯的是，你已經越來越獨立，不再受氣喘的主宰。

我建議我們三個月之內再見一次面，討論一下反氣喘顧問的事。

誠摯的問候！

大衛・艾普斯頓

總計丹尼爾轉診到家庭治療法十一個月以來，他確實在控制氣喘方面有了進步，已經不再有可能致命的發作。這期間有兩次住院，但是和轉診前的兩次住院比較起來，病情已經減輕。他有幾次發作都在家裡處理完畢，不需要到醫院急救。他在母親生病住院的極大壓力下，對監督自己病情的態度卻很好。

他的慢性氣喘有時候還是會發作，但是他控制狀況的能力已經有很大的進步。

自我認證的證書

第一次和露易絲一家人見面時，我覺得她很難接觸。她很退縮，不管是誰，只要想和她講話，她都會哭出來。隨著訪談的進行，雖然我們一直保證她不需要主動參與，她還是越來越沮喪。她的家人告訴我說那不是我的錯，她

聲音」），我們發現，這個聲音總是在她太過勉強自己去準備具有雄心壯志的困難計畫時，控制住她。如果她能夠不要求自己符合這些期望，能不能比較欣賞自己？「會！」如果要她向那個聲音證明這一點，她有什麼想法沒有？「有。」這一次會談，我問她為什麼現在這個聲音控訴她時會這麼小聲，因為「我把這個聲音腳下的地毯一下子抽掉，」她說，「這顯然證明我已經使它們變弱小了。它們現在只能抓到稻草。」

會談結束時，我和她一起寫了下列這一封「致所有關心的人」信件：

這一封信是想讓每一個人知道露易絲已經找到自己，開始有自己的想法。她主導自己的生活，那個發脾氣的聲音現在已經沒辦法逼她陷入絕境，她占了上風。只要有必要，她以後還會繼續教訓這個聲音。這並不表示這個聲音已經罷手，不再企圖改變露易絲，不再要她聽話。然而我們可以看到這個聲音的命運很清楚，露易絲已經遏止了它，她把問題丟回給它，開始占上風。它已經被減弱成可笑的存在，還試著去想像做到最荒唐的事情。

這證明它已經因為露易絲的行動而虛弱了許多。

除此之外，露易絲最近又採取了一些行動壓制這個聲音。她知道這個聲音總想利用她在勉強出手和太擔心別人的時候欺騙她，所以她告訴自己的雄心，如果她能夠按照

自己的步調，想做什麼就做得到，她會很欣賞自己。對於
「憂愁」，她決定慷慨一點，多和別人分享一點，免得別
人失職。從現在開始，她只會憂愁屬於她份內的憂愁，她
甚至會想辦法幫助別人，藉此欺騙那個聲音，讓它相信她
一點都不憂愁。

　　不管什麼時候，只要那個聲音又開始大聲、無禮，她
都會拿起這封信，把它貶抑為意念。這個時候，她會讓它
知道她絕對無情。

　　露易絲離去時，已經把那個聲音貶抑為無聲的意念。
她相信，如果那個聲音再回來找她，這封信可以幫助她反
抗。兩個禮拜以後，我們做了一次追蹤會面。她說那個聲
音已經開始尊重她了；現在只有少數幾次需要用到這封
信。那個聲音的反應也很快，馬上就停止騷擾她。

　　她一直在進步，危機越來越少。後來等到她覺得已經
準備好的時候，治療團隊為她開了一個小小的舞會，慶祝
她得到「特別的知識」，頒獎給她。

特殊知識證書

　　茲證明 ＿＿＿＿＿＿＿＿＿ 已經成功地恢復自己的生活。

　　雖然幻聽一直虛張聲勢，要她相信它就是她的生活，但是她還是奪回了自己生活的主權。

　　每一位看到這張證書的人都會好奇 ＿＿＿＿＿＿ 如何「把問題丟回去」給那個聲音。她已經準備要回答關於這方面的所有問題。

　　不管什麼時候，那個聲音要是看到這張證書，都會了解自己「氣數已盡」。

　　日期：＿＿＿年＿＿＿月＿＿＿日

　　簽名：＿＿＿＿＿＿＿＿＿＿＿＿

　　簽名：＿＿＿＿＿＿＿＿＿＿＿＿

　　　麥克・懷特
　　　（代表醫療團隊）

結論

　　簡短地下個結論，我們相信本書列舉的各種信件、文件、證書本身已經說明得很清楚。我們選擇呈現這些，目的是要證明文學方法可以廣泛地應用在問題的呈現上。

　　布魯納見證文學對創造新的可能、新的現實、新世界具有重大貢獻：

> 　　我一直想證明，文學做為一種藝術，使我們能對兩難的狀況保持開放，對假設保持開放，對文本可能述及的各種可能的世界保持開放。我用「假設」來表達這個世界不是那麼固定、那麼陳腐，而是充滿著創造性。文學做的是假設，創造陌生的世界，使明顯的變不明顯，不可知的變成比較可知的，它的價值也對理性和直覺較開放。以這種精神而言，文學是通往自由、輕快、想像力及理性的工具。要反抗灰暗的長夜，這是我們唯一的希望。（1989, p.159）

　　同理，我們也要見證敘事與寫作這套兼容並蓄的治療法。我們發現寫作可以帶來新的觀點和「多重可能性的世界」，也帶來生活經驗重大面向的「重新創造」，促使人改寫自己生活與關係的特權。我們在本書呈現了幾個敘事法的樣本。我們相信，敘事法促成的治療法是自由的工

具，是人面對「灰暗的長夜」時，為人帶來極大希望的治療法。

【註一】比較葛芬柯（Garfinkel, 1956）與高夫曼（Goffman, 1961）兩篇文獻。

【註二】我們的確了解，這也仍可能是依照主流知識分類。

【註三】由伊妮絲‧艾瑟（Innes Asher，奧克蘭大學資深講師）與大衛‧艾普斯頓共同執筆。

【註四】奧克蘭公立醫院的氣喘病教育專家。

參考書目

Anderson, H., & Coolishian, H. A. (1988). Human systems as linguistic systems: Preliminary and evolving ideas about the implications for clinical theory. *Family Process*, 27 (4), 371-393.

Barlow, C., Epston, D., Murphy, M., O'Flaherty, L., & Webster, L. (1987). In memory of Hatu (Hayden) Barlow 1973-1985. *Case Studies*, 2 (2), 19-37.

Bateson, G. (1972). *Steps to an ecology of mind.* New York: Ballantine Books.

Bateson, G. (1979). *Mind and nature: A necessary unity.* New York: Dutton.

Brooks, P. (1984). *Reading for the plot: Design and intention in narrative.* New York: Random House.

Bruner, E. (1986a). Ethnography as narrative. In V. Turner, & E. Bruner (Eds.), *The anthropology of experience.* Chicago: University of Illinois Press.

Bruner, E. (1986b). Experience and its expressions. In V. Turner, & E. Bruner (Eds.), *The anthropology of experience.* Chicago: University of Illinois Press.

Bruner, J. (1986). *Actual minds, possible worlds.*

Cambridge, MA: Harvard University Press.

Bruner, J. (1987). Life as narrative. *Social Research*, 54 (1).

Burton, A. (1965). The use of written productions in psychotherapy. In L. Pearson (Ed.), *Written communications in psychotherapy*. Springs, IL: C. C. Thomas.

Cecchin, G. (1987). Hypothesizing, circularity, and neutrality revisited: An inviation to curiosity. *Family Process*, 26 (4), 405-413.

Chafe, W. (1985). Linguistic differences produced by differences between speaking and writing. In D. R. Olson, N. Torraru, & A. Hildycrill (Eds.), *Literacy, language and learning*. Cambridge, MA: Cambridge University Press.

Chatwin, B. (1988). *The songlines*. London: Picador.

Durrant, M. (1985). Bowling out fears--Test victoy for double description. *Dulwich Centre Review*.

Durrant, M. (1989). Temper taming: An approach to children's temper problems--revisited. *Dulwich Centre Newsletter*, Autumn.

Epston, D. (1983). Cheryll--Anne's new autobiography. *Australian Journal of Family Therapy*, 4 (4), 259-261.

Epston, D. (1984a). A story in a story. *Australian Journal of*

【故事‧知識‧權力：敘事治療的力量（全新修訂版）】

Family Therapy, 5 (2), 146-150.

Epston, D. (1984b). Guest Address, 4th Australian Family Therapy Conference. *Australian Journal of Family Therapy*, 5 (1), 11-16.

Epston, D. (1985a). A fair exchange. *Australian & New Zealand Journal of Family Therapy*, 6 (2), 114-115.

Epston, D. (1985b). The family with the malediction. *Australian & New Zealand Journal of Family Therapy*, 6 (3), 175-176.

Epston, D. (1986a). Writing your biography. *Case Studies*, 1 (1), 13-18.

Epston, D. (1986b). Competition or co-operation? *Australian & New Zealand Journal of Family Therapy*, 7 (2), 119-120.

Epston, D. (1986c, February). Counter-dreaming. *Dulwich Centre Newsletter*.

Epston, D. (1988). *One good revolution deserves another.* *Case Studies*, 3 (2): 45-60.

Epston, D. (1989). Temper tantrum parties: Saving face, losing face, or going off your face. *Dulwich Centre Newsletter*, Autumn.

Epston, D., & Brock, P. (1984). A strategic approach to an extreme feeding problem. *Australian Journal of Family*

Therapy, 5 (2), 111-116.

Epsto, D., & Whitney, R. (1988). The story of Dory the cat. *Australian & New Zealand Journal of Family Therapy*, 9 (3), 172-173.

Foucault, M. (1965). *Madness and civilization: A history of insanity in the age of reason*. New York: Random House.

Foucault, M. (1973). *The birth of the clinic: An archeology of medical perception*. London: Tavistock.

Foucault, M. (1979). *Discipline and punish: The birth of the prison*. Middlesex: Peregrine Books.

Foucault, M. (1980). *Power/knowledge: Selected interviews and other writings*. New York: Panteon Books.

Foucault, M. (1982). The subject and power. In H. Dreyfus & P. Rabinow, (Eds.), *Michael Foucault: Beyond structuralism and hermeneuties*. Chicago: University of Chicago Press.

Foucault, M. (1984a). *The history of sexuality*. Great Britain: Peregrine Books.

Foucault, M. (1984b). Space, knowledge and power. In P. Rabinow (Ed.), *The Foucault reader*. New York: Pantheon.

Foucault, M. (1984c). Nietzsche, geneology, history. In

【故事‧知識‧權力：敘事治療的力量（全新修訂版）】

P. Rabinow (Ed.), *The Foucault reader*. New York: Pantheon.

Garfinkel, H. (1956). Conditions of successful degradation ceremonies. *American Journal of Sociology*, 61, 420-424.

Geertz, C. (1976). From nature's point of view: On the nature of anthropological understanding. In K. Basso & H. Selby (Eds.), *Meaning in anthropology*. Albuquerque, NM: University of New Mexico Press.

Geertz, C. (1983). *Local knowledge: Further essays in interpretive anthropology*. New York: Basic Books.

Geertz, C. (1986). Making experiences, authoring selves. In V. Turner & E. Brunner (Eds.), *The anthropology of experience*. Chicago: University of Illinois Press.

Gergen, M. M., & Gergen, K. J. (1984). The social construction of narrative accounts. In K. J. Gergen & M. M. Gergen (Eds.), *Historical social psychology*. Hillsdale: Lawrence Erlbaum Associates.

Goffman, E. (1961). *Asylums: Essays in the social situation of mental patients and other inmates*. New York: Doubleday.

Goffman, E. (1974). *Frame analysis*. New York: Harper.

Harre, R. (1985). Situational rhetoric and self-presentation.

In J. P. Forgen (Ed.), *Language and social situations.*
New York: Springer-Verlag.

Irigaray, L. (1974). *Speculum de l'autre femme.* Paris:
Minuit.

Iser, W. (1978). *The act of reading. Baltimore*, MD: Johns
Hopkins University Press.

Meadow, J. (1985). Video & Audio Review. *Australian &
New Zealand Journal of Family Therapy*, 6 (2), 117-
118.

Menses, G., & Durrant, M. (1986). Contextual residential
care: The application of the principles of cybernetic
therapy to the residential treatment of irresponsible
adolescents and their families. *Dulwich Centre Review.*

Munro, C. (1987). White and the cybernetic therapies: News
of differences. *Australian & New Zealand Journal of
Family Therapy*, 8 (4), 183-192.

Myerhoff, B. (1982). Life history among the elderly:
Performance, visibility and remembering. In J. Ruby
(Ed.), *A crack in the mirror: Reflexive perspectives in
anthropology.* Philadelphia: University of Pennsylvania
Press.

Rabinow, P. (1984). *The Foucault reader.* New York:
Pantheon.

【故事・知識・權力：敘事治療的力量（全新修訂版）】

Ricoeur, P. (1980). Narrativetime. *Critical Inquiry, Autumn*, p. 171.

Spender, D. (1983). *Women of ideas: And what men have done to them*. London: Ark.

Stubbs, M. (1980). *Language and literacy: The socialinguistics of reading and writing*. London: Routledge, Kegan, Paul.

Tomm, K. (1987). Interventive interviewing: Part II, Reflexive questioning as a means to enable self healing. *Family Process*, 26, 167-84.

Tomm, K. (1989). Externalizing problems and internalizing personal agency. *Journal of Strategic and Systemic Therapies*.

Turner, V. (1969). *The ritual process*. New York: Cornell University Press.

Turner, V. (1974). *Drama, fields and metaphor*. New York: Cornell University Press.

Turner, V. (1986). Dewey, Dilthey, and drama: An essay in the anthropology of experience. In V. Turner & E. Bruner (Eds.), *The anthropology of experience*. Chicago: University of Illinois Press.

Turner, B. S. & Hepworth, M. (1982). *Confessions: Studies in deviance in religion*. London: Routledge, Kegan,

Paul.

van Gennep (1960). *The rites of passage*. Chicago: University of Chicago Press.

White, M. (1984). Pseudo-encopresis: From avalanche to victory, from vicious to virtuous cycles. *Family Systems Medicine*, 2 (2).

White, M. (1985). Fear busting and monster taming: An approach to the fears of young children. *Dulwich Centre Review*.

White, M. (1986a). Negative explanation, restraint and double description: A template for family therapy. *Family Process*, 25 (2).

White, M. (1986b). Anorexia nervosa: A cybernetic perspective. In J. Elka-Harkaway (Ed.), *Eating disorders and family therapy*. New York: Aspen.

White, M. (1986c). Family escape from trouble. *Case Studies*, 1 (1).

White, M. (1987, Spring). Family therapy and schizophrenia: Addressing the 'In-the-corner lifestyle.' *Dulwich Centre Newsletter*.

White, M. (1988, Winter). The process of questioning: A therapy of literary merit? *Dulwich Centre Newsletter*.

延伸閱讀

- 《故事・解構・再建構：麥克・懷特敘事治療精選集》
  （2018），麥克・懷特（Michael White），心靈工坊。
- 《敘事治療的精神與實踐》（2018），黃素菲，心靈
  工坊。
- 《翻轉與重建：心理治療與社會建構》（2017），席
  拉・邁可納米（Sheila McNamee）、肯尼斯・格根
  （Kenneth J.Gergen），心靈工坊。
- 《開放對話・期待對話：尊重他者當下的他異性》
  （2016），亞科・賽科羅（Jaakko Seikkula）、湯姆・
  艾瑞克・昂吉爾（Tom Erik Arnkil），心靈工坊。
- 《敘事治療三幕劇：結合實務、訓練與研究》
  （2016），吉姆・度法（Jim Duvall）、蘿拉・蓓蕊思
  （Laura Béres），心靈工坊。
- 《關係的存有：超越自我・超越社群》（2016），肯
  尼斯・格根（Kenneth J. Gergen），心靈工坊。
- 《醞釀中的變革：社會建構的邀請與實踐》
  （2014），肯尼斯・格根（Kenneth J. Gergen），心靈
  工坊。
- 《故事的療癒力量》（2012），周志建，心靈工坊。
- 《從故事到療癒：敘事治療入門》（2008），艾莉

絲‧摩根（Alice Morgan），心靈工坊。

- 《說故事的魔力：兒童與敘事治療》（2008），艾莉絲‧摩根（Alice Morgan）、麥克‧懷特（Michael White），心靈工坊。

- 《敘事治療的實踐：與麥克持續對話》（2012），麥克‧懷特（Michael White），張老師文化。

- 《敘事治療的工作地圖》（2008），麥克‧懷特（Michael White），張老師文化。

- 《敘事取向的生涯諮商》（2006），賴利‧寇克倫（Larry Cochran），張老師文化。

- 《兒童敘事治療：嚴重問題的遊戲取向》（2004），大衛‧艾普斯頓（David Epston）、珍妮芙‧弗里曼（Jennifer C. Freeman）、丁‧勞勃維茲（Dean Lobovits），張老師文化。

- 《敘事治療：解構並重寫生命的故事》（2000），吉兒‧佛瑞德門（Jill Freedman）、金恩‧康伯斯（Gene Combs），張老師文化。

Master 056

故事・知識・權力
敘事治療的力量【全新修訂版】
Narrative Means to Therapeutic Ends
作者：麥克・懷特（Michael White）、大衛・艾普斯頓（David Epston）
譯者：廖世德

出版者—心靈工坊文化事業股份有限公司
發行人—王浩威　總編輯—徐嘉俊
責任編輯—黃心宜
通訊地址—10684 台北市大安區信義路四段 53 巷 8 號 2 樓
郵政劃撥—19546215　戶名—心靈工坊文化事業股份有限公司
電話—02）2702-9186　傳真—02）2702-9286
Email—service@psygarden.com.tw　網址—www.psygarden.com.tw
製版・印刷—中茂製版印刷股份有限公司
總經銷—大和書報圖書股份有限公司
電話—02）8990-2588　傳真—02）2290-1658
通訊地址—248 新北市五股工業區五工五路二號
二版一刷—2018 年 4 月　二版五刷—2023 年 5 月
ISBN—978-986-357-117-9　定價—360 元

國家圖書館出版品預行編目資料

故事、知識、權力：敘事治療的力量 / 麥克．懷特 (Michael White), 大衛．艾普斯頓
(David Epston) 著；廖世德譯 . -- 二版 . -- 臺北市：心靈工坊文化, 2018.04
　　面；　公分 . -- (MA；056)
　　譯自：Narrative means to therapeutic ends
　　ISBN 978-986-357-117-9(平裝)

　1. 心理治療　2. 心理諮商

178.8　　　　　　　　　　　　　　　　　　　　　　　　107004369

心靈工坊 P 書香家族 讀友卡

感謝您購買心靈工坊的叢書，爲了加強對您的服務，請您詳填本卡，
直接投入郵筒（免貼郵票）或傳真，我們會珍視您的意見，
並提供您最新的活動訊息，共同以書會友，追求身心靈的創意與成長。

書系編號─MA 056   書名─故事‧知識‧權力：敍事治療的力量【全新修訂版】

姓名 _____   是否已加入書香家族？ □是 □現在加入

電話 (O) _____ (H) _____   手機 _____

E-mail _____ 生日　年　　月　　日

地址 □□□ _____

_____

服務機構 _____   職稱 _____

您的性別─□1.女 □2.男 □3.其他

婚姻狀況─□1.未婚 □2.已婚 □3.離婚 □4.不婚 □5.同志 □6.喪偶 □7.分居

請問您如何得知這本書？
□1.書店 □2.報章雜誌 □3.廣播電視 □4.親友推介 □5.心靈工坊書訊
□6.廣告DM □7.心靈工坊網站 □8.其他網路媒體 □9.其他

您購買本書的方式？
□1.書店 □2.劃撥郵購 □3.團體訂購 □4.網路訂購 □5.其他

您對本書的意見？
□ 封面設計　1.須再改進 2.尚可 3.滿意 4.非常滿意
□ 版面編排　1.須再改進 2.尚可 3.滿意 4.非常滿意
□ 內容　　　1.須再改進 2.尚可 3.滿意 4.非常滿意
□ 文筆／翻譯 1.須再改進 2.尚可 3.滿意 4.非常滿意
□ 價格　　　1.須再改進 2.尚可 3.滿意 4.非常滿意

您對我們有何建議？

_____

□本人同意_____（請簽名）提供（真實姓名/E-mail/地址/電話/年齡/
等資料），以作爲心靈工坊（聯絡/寄貨/加入會員/行銷/會員折扣/等之用，
詳細內容請參閱http://shop.psygarden.com.tw/member_register.asp。

廣 告 回 信
台 北 郵 政 登 記 證
台北廣字第1143號
免 貼 郵 票

心靈工坊
|PsyGarden|

10684台北市信義路四段53巷8號2樓
讀者服務組　收

免　貼　郵　票

（對折線）

加入心靈工坊書香家族會員
共享知識的盛宴，成長的喜悅

請寄回這張回函卡（免貼郵票），
您就成為心靈工坊的書香家族會員，您將可以──

⊙隨時收到新書出版和活動訊息

⊙獲得各項回饋和優惠方案